铁规矩硬杠杠

作风建设永远在路上

本书编写组◎编

新华出版社

图书在版编目（CIP）数据

铁规矩硬杠杠：作风建设永远在路上 /《铁规矩硬杠杠：
作风建设永远在路上》编写组编

北京：新华出版社，2025.7

ISBN 978-7-5166-8038-4

Ⅰ．D261.3-53

中国国家版本馆 CIP 数据核字第 2025LE0235 号

铁规矩硬杠杠：作风建设永远在路上

编者：《铁规矩硬杠杠：作风建设永远在路上》编写组

出版发行： 新华出版社有限责任公司

（北京市石景山区京原路 8 号 邮编：100040）

印刷： 三河市君旺印务有限公司

成品尺寸： 160mm×230mm 1/16 **印张：** 11 **字数：** 140 千字

版次： 2025 年 7 月第 1 版 **印次：** 2025 年 7 月第 1 次印刷

书号： ISBN 978-7-5166-8038-4 **定价：** 39.00 元

微店　视频号小店　抖店　京东旗舰店

微信公众号　喜马拉雅　小红书　淘宝旗舰店　扫码添加专属客服

党的自我革命这根弦必须绷得更紧

新华社评论员

"我们党肩负的中国式现代化建设任务十分繁重，面临的执政环境异常复杂，自我革命这根弦必须绷得更紧。""七一"前夕，中共中央政治局就健全落实中央八项规定精神、纠治"四风"长效机制进行第二十一次集体学习，习近平总书记在主持学习时发表重要讲话，总结我们党加强作风建设、推进管党治党的扎实成效和实践经验，就如何把新时代党的自我革命要求进一步落实到位提出明确要求、作出重要部署。

打铁必须自身硬。党的十八大以来，以习近平同志为核心的党中央以贯彻落实中央八项规定开局破题，坚持立铁规矩、强硬约束，坚持以上率下、从中央政治局带头做起，坚持问题导向、聚焦纠治"四风"开展集中教育和一系列专项整治，坚持抓常抓细抓长、一个节点一个节点坚守和推进，坚持党性党风党纪一起抓、正风肃纪反腐相贯通，整治力度之大、制度执行之严、持续时间之长前所未有。经过不懈努力，刹住了不少过去认为不可能刹住的歪风，祛除了一些多年难以祛除的顽瘴痼疾，解决了很多群众反映强烈的突出问题，党风政风焕然一新，推动管党治党水平整体提升，为党和国家事业发展凝聚起强大正能量。实践充分证明，从抓作风入手推进全面从严治党是新时代党的自我革命一条重要经验。唯有锲而不舍落实中央八项规定精神、驰而不息抓好作风建设，方能不断把党的自我革命推向深入，使我们党在革命性锻造中更加坚强有力。

全面建设社会主义现代化国家、全面推进中华民族伟大复兴，关键在党。今天，我们党已经发展成为拥有10027.1万名党员、525万个基层党组织的世界最大马克思主义执政党。面对全面建成社会主义现代化强国、以中国式现代化全面推进中华民族伟大复兴的崇高使命，面对前进道路上风高浪急甚至惊涛骇浪的重大挑战，面对长期存在的"四大考验"、"四种危险"，解决大党独有难题必然是一个长期而艰巨的过程，决定了全面从严治党永远在路上，党的自我革命永远在路上。治国必先治党，党兴才能国强。要站在事关党长期执政、国家长治久安、人民幸福安康的高度，把全面从严治党作为党的长期战略、永恒课题，把自我革命这根弦绷得更紧，把严的基调、严的措施、严的氛围长期坚持下去，确保党永远不变质、不变色、不变味，始终成为中国特色社会主义事业的坚强领导核心。

推进党的自我革命，必须敢于刀刃向内，敢于刮骨疗毒，敢于壮士断腕，需要伟大的历史主动精神、巨大的政治勇气、强烈的责任担当。惟其艰难，更显勇毅。把新时代党的自我革命要求进一步落实到位，必须固本培元、增强党性，坚定理想信念，铸牢对党忠诚，厚植为民情怀，加强理论武装，在干事创业中磨砺奋斗人生，在为民造福中升华道德境界，在严肃的党内政治生活中淬火成钢；必须进一步规范权力运行，健全授权用权制权相统一、清晰透明可追溯的制度机制，严格制度执行，全面贯彻民主集中制，全过程监督权力运行，让党员干部始终敬畏人民、敬畏组织、敬畏法纪；必须用好从严监督执纪这个利器，坚决处理违纪违法问题，把党内监督和人民监督结合起来，强化党组织日常监督，加大风腐同查同治力度，将党风党纪硬要求变为硬举措、让铁规矩长出铁牙齿；必须履行管党治党责任，各级领导干部要坚决扛起管党治党责任，层层传导压力，切实把严的氛围营造起来、把正的风气树立起来。

立治有体，施治有序。习近平总书记提出的几个方面的要求，指明了扎实推进党的自我革命的重点任务和实践路径，充分体现了管党治党的系统思维、问题导向、斗争精神、科学方法，彰显把党的伟大自我革命进行到底的坚定决心和鲜明态度。我们要把思想和行动统一到习近平总书记关于党的自我革命的重要思想和一系列重要部署上来，一项一项抓落实，推动党的自我革命不断取得新进展、新成效。

不发通知、不打招呼、不用陪同，深入调研掌握实情，狠刹不正之风；敞开大门搞学习教育，自觉接受群众监督，主动接受群众评判；聚焦突出问题抓好整改，把"忧心事"办成"暖心事"，为改革发展营造良好环境……当前，深入贯彻中央八项规定精神学习教育正在全党开展，走过百余年风雨历程的中国共产党一刻不停地推进自我革命。让我们在以习近平同志为核心的党中央坚强领导下，以开展深入贯彻中央八项规定精神学习教育为契机，进一步推动作风建设常态化长效化，纵深推进全面从严治党，为推动高质量发展、推进中国式现代化提供坚强政治保证。

（新华社北京 7 月 1 日电）

目 录
CONTENTS

❧ 评论篇 ❧

成效篇

延伸阅读

附　录

理论篇

党的十八大以来深入贯彻
中央八项规定精神的成效和经验

中央党的建设工作领导小组

党的十八大以来，以习近平同志为核心的党中央不忘初心、牢记使命，以强烈的历史担当和顽强的意志品质，直面党面临的重大风险考验和党内存在的突出问题，总结运用党的百年奋斗历史经验，从制定和落实中央八项规定开局破题，严字当头、刀刃向内，以钉钉子精神纠治"四风"，整治力度之大、制度执行之严、持续时间之长前所未有，刹住了一些长期没有刹住的歪风，纠治了一些多年未除的顽瘴痼疾，党风政风社风焕然一新，党心军心民心高度凝聚，推动全面从严治党向纵深发展，开辟以伟大自我革命引领伟大社会革命新境界，在党的建设史上具有重要里程碑意义。

一、举旗定向、领航掌舵，习近平总书记关于深入贯彻中央八项规定精神的重要论述生动彰显我们党的强大真理力量和强大人格力量

党的十八大以来，习近平总书记站在事关党和国家前途命运的战略高度，围绕为什么要制定、如何看待、怎样贯彻中央八项规定作出一系列重要论述，为深入贯彻中央八项规定精神、推进新时代党的作风建设提供了重要遵循。

（一）鲜明提出制定实施中央八项规定是党在新时代的徙木立信之举。习近平总书记指出，党的作风关系党的形象，关系人心向背，关系党的生死存亡，决定党和国家事业成败。风险越大、挑战越多、任务越重，越要加强党的作风建设。执政党如果不注重作风建设，听任不正之风侵蚀党的肌体，就有失去民心、丧失政权的危险。我们抓中央八项规定贯彻落实，看起来是小事，但体现的是一种精神。办好一件事后再办第二件事，让大家感到我们是能办成事的，而且是认真办事的。这样才能取信于民、取信于全党。

（二）鲜明提出落实中央八项规定要从中央政治局抓起、自上而下推动。习近平总书记指出，各级领导干部要以身作则、率先垂范，说到的就要做到，承诺的就要兑现，中央政治局同志从我本人做起。只要我们中央政治局的同志时时处处以身作则，就会上行下效、产生强大示范效应，全党就会很有力量，就不惧怕任何艰难险阻。中央政治局同志要对照中央八项规定实施细则，一条一条严格对标对表，不折不扣抓好贯彻落实。

（三）鲜明提出中央八项规定是改进作风的切入口和动员令。习近平总书记指出，作风问题本质上是党性问题。抓作风建设，就要返璞归真、固本培元。八项规定既不是最高标准，更不是最终目的，只是我们改进作风的第一步，是我们作为共产党人应该做到的基本要求。党的十八大之后，党中央讨论加强党的建设如何抓时，就想到要解决"老虎吃天不知从哪儿下口"的问题。后来决定就抓八项规定。八项规定一子落地，作风建设满盘皆活。

（四）鲜明提出制定和落实中央八项规定要坚持从严要求。习近平总书记指出，规矩是起约束作用的，所以要紧一点。规定就是规定，不加"试行"两字，就是要表明一个坚决的态度，表明这个规定是刚性的。既然作规定，就要朝严一点的标准去努力，就要来真格的，决不能不当回事。

（五）鲜明提出制定和落实中央八项规定要聚焦突出问题、回应群众期盼。习近平总书记指出，作风问题核心是党同人民群众的关系问题。我们制定这个规定，既符合我们加强执政党建设的要求，也符合群众对我们的期盼。要坚决纠正形式主义、官僚主义、享乐主义和奢靡之风，坚决破除特权思想、特权行为，坚决整治群众身边的腐败和不正之风，让人民群众不断看到实实在在的成效和变化。

（六）鲜明提出中央八项规定是长期有效的铁规矩、硬杠杠。习近平总书记指出，落实中央八项规定精神是一场攻坚战、持久战，必须常抓不懈、久久为功，十年不够就二十年，二十年不够就三十年，直至真正化风成俗。中央八项规定堤坝是好不容易筑起的，一定要倍加珍惜，不断巡堤检修、培土加固。要拿出恒心和韧劲，继续在常和长、严和实、深和细上下功夫，管出习惯、抓出成效。

二、党中央带头、全党行动，有力有序深入贯彻中央八项规定精神

党的十八大以来，以习近平同志为核心的党中央强化自我约束、自我规范，驰而不息抓中央八项规定精神贯彻落实，推动各地区各部门各单位结合实际采取有力举措，一个毛病一个毛病纠治，一个问题一个问题突破，一年接着一年坚守，兑现了庄严承诺。

（一）习近平总书记带头，中央政治局严格执行中央八项规定。习近平总书记亲自谋划、亲自部署、亲自推动。主持召开中央政治局会议，审议通过《十八届中央政治局关于改进工作作风、密切联系群众的八项规定》及其实施细则。十九届、二十届中央政治局第一次会议先后两次修订实施细则。中央政治局每年听取贯彻执行中央八项规定情况汇报，召开民主生活会开展批评和自我批评。

习近平总书记把改进工作作风、密切联系群众体现在治国理政各方面，始终如一从自身做起，为中央政治局作出了表率示范，为全党树立了光辉榜样。秉持坚定信念。党的十八大闭幕不久，率领中央政治局常委参观《复兴之路》展览，首次提出并阐述实现中华民族伟大复兴的中国梦。党的十九大闭幕仅一周，瞻仰上海党的一大会址和浙

江嘉兴南湖红船，强调时刻不忘初心，担当党的崇高使命。党的二十大闭幕后首次京外活动，来到延安瞻仰革命圣地，号召全党同志把党的光荣传统和优良作风传承好发扬好。坚持勤政务实。深入地方考察调研，从白山黑水到南海之滨，从平原水乡到大漠戈壁，从农村社区到边关哨所，不避寒暑、不辞辛劳，足迹遍布神州大地。对考察调研方案亲自把关，要求安排紧凑、务实高效。出行不腾道、不封路，与群众直接接触、亲切交流。坚持轻车简从、简化接待，在地震灾区住临时板房，上一七一舰与战士们一起就餐，在陕北梁家河与乡亲们一起吃油馍馍、麻汤饭。带头落实"短、实、新"文风，讲话接地气、暖人心。满怀赤子之心。要求五级书记一起抓、立下军令状，深入全国 14 个集中连片特困地区，指挥打赢人类历史上规模最大、力度最强的脱贫攻坚战，创造了人类减贫史上的奇迹。坚持人民至上、生命至上，团结带领全国人民同心抗击新冠疫情，引领高效统筹疫情防控和经济社会发展。持续深入推进蓝天、碧水、净土保卫战，集中攻克老百姓身边的突出生态环境问题。

中央政治局将作风建设作为加强自身建设的重要基础，用"讲认真"的精神、"有韧劲"的行动逐项落实中央八项规定及其实施细则，做到严格自我约束动真格、坚决贯彻执行不漏项。在改进调查研究方面，围绕贯彻落实党中央重大决策部署和有关重大问题开展调研，注重以改革创新精神研究提出解决问题的新思路新举措，务求实效。在精简会议活动方面，加强重大会议活动统筹协调，严控会议活动数量和规模，更多采用视频方式召开或举办。在精简文件简报方面，加强发文统筹，严控文件数量、篇幅和规格。在改进新闻报道方面，严控中央领导同志活动报道的字数、时长，严控全国性会议新闻报道次数，对报道的主题主线、刊播时间、篇幅时长严格把关，将更多版面、时长和镜头留给人民群众。在厉行勤俭节约方面，严格执行办公用房、住房、用车等工作生活待遇规定。在规范出访活动、改进警卫工作、严格文稿发表等方面，严格执行有关规定。

（二）加强理论武装，筑牢贯彻中央八项规定精神的思想根基。坚持不懈用习近平新时代中国特色社会主义思想凝心铸魂，解决好"总开关"问题，为改作风转作风破除思想障碍、注入精神动力。党的群众路线教育实践活动、"三严三实"专题教育、"两学一做"学习教育、"不忘初心、牢记使命"主题教育、党史学习教育、学习贯彻习近平新时代中国特色社会主义思想主题教育、党纪学习教育，以及正在开展的深入贯彻中央八项规定精神学习教育，都把作风建设作为重要内容，教育引导广大党员、干部深学细悟党的创新理论，在思想上政治上进行检视、剖析、反思，对作风问题进行对照、查摆、整治，红脸出汗、触及灵魂，不断去杂质、除病毒、防污染，为中央八项规定精神落地生根打下坚实思想基础。

（三）聚焦"四风"突出问题，步步深入靶向施治。坚持从实际出发，抓住主要矛盾，什么问题突出就着重解决什么问题，什么问题紧迫就抓紧解决什么问题，找准靶子、有的放矢，抓早抓小、防微杜渐。党的十八大后，聚焦群众反映强烈的"四风"问题，对公款购买赠送月饼贺年卡、公款吃喝送礼、公款旅游、公车私用、违规建设楼堂馆所、大办婚丧喜庆、滥发钱物、会所中的歪风、违规打高尔夫球等问题开展集中整治。党的十九大后，紧盯享乐主义、奢靡之风，深入整治违规收受礼品礼金、违规吃喝等突出问题，深挖细查收受电子红包、私车公养等隐形变异问题，专项整治利用名贵特产和特殊资源谋取私利等问题。坚决整治形式主义、官僚主义，集中纠治做选择搞变通打折扣、表态多调门高、行动少落实差问题，防止"低级红"、"高级黑"。建立中央层面整治形式主义为基层减负专项工作机制，整治文山会海、督查检查考核过多过频、过度留痕等问题。党的二十大以来，把纠治形式主义、官僚主义摆在更加突出位置，制定实施整治形式主义为基层减负若干规定，提出一系列重要举措，破解基层治理"小马拉大车"突出问题，防治"指尖上的形式主义"，精简优化基层考核，严控从基层借调工作人员，推动全面建立乡镇（街道）履行职责事项清单。紧盯权力观扭曲、政绩观错位现象，持续深化"半拉子工程"、"形象工程"、"面子工程"、统计造假以及基层治理不良现象等整改整治。一刻不停狠刹享乐主义、奢靡之风，持续深化整治违规吃喝、违规收送礼品礼金、违规公务接待等问题，严肃纠治借培训考察之机公款旅游、奢华装修楼堂馆所等现象。

（四）强化监督执纪，保持高压态势。把监督落实中央八项规定精神作为改进党的作风的一项经常性重点工作来抓，完善作风建设监督制度，促进党内监督、舆论监督、群众监督等各类监督贯通协调，运用大数据技术拓展监督手段，不断延伸监督触角，提高及时发现"四风"问题的能力，形成惩治不正之风的监督压力。紧盯元旦、春节、"五一"、端午、中秋、国庆等重要节点，加强监督提醒、明察暗访，开展通报曝光、警示教育。持续加大违反中央八项规定精神问题查处力度，重点查处不收敛不知止等顶风违纪行为，强化震慑效应。截至2024年底，全国共查处违反中央八项规定精神问题107.6万起，批评教育和处理152.3万人，其中给予党纪政务处分99.5万人。建立落实中央八项规定精神情况月报制度，截至2025年3月连续138个月公布全国查处违反中央八项规定精神问题数据，建立整治形式主义为基层减负案例核查通报机制，持续释放越往后越严的信号。

（五）深化标本兼治，风腐同查同治。注重用制度治党管权治吏，着力从体制机制上堵塞漏洞，加强党内法规制度建设，织密制度之笼。制定修订新形势下党内政治生活准则、廉洁自律准则、纪律处分条例等党内法规，把中央八项规定精神要求纳入其中。深入推进风腐同查同治，既"由风查腐"，防止"以风盖腐"，深挖不正之风背后的请托办事、利益输送等腐败问题，又"由腐纠风"，细查腐败背后的享乐奢靡等作风问题，坚决铲除腐败滋生的土壤和条件。持续深化纠"四风"树新风，弘扬中华优秀传统文化、革命文化、社会主义先进文化，开展党的光荣传统和优良作风教育，加强新时代廉洁文化建设，涵养求真务实、清正廉洁的新风正气。

三、一子落地、满盘皆活，以作风建设新成效赢得人民群众信任拥护

制定实施中央八项规定，作为新时代全面从严治党的"先手棋"，牵一发而动全身，小切口撬动大变局，推动党的政治领导力、思想引领力、群众组织力、社会号召力显著增强，推动百年大党在革命性锻造中浴火重生，焕发新的生机、新的活力，推动我们党的面貌、国家的面貌、人民的面貌、军队的面貌、中华民族的面貌发生有目共睹的深刻变化。

（一）"两个确立"深得民心，"两个维护"深入人心。习近平总书记"我将无我，不负人民"的深厚情怀，夙夜在公、严格自律的崇高风范，以身许党许国、报党报国的使命担当，让全党全军全国各族人民看到了党中央贯彻落实中央八项规定、锲而不舍抓作风建设的坚强决心，极大增进了对核心、领袖、统帅的衷心拥护、信赖和爱戴。大家普遍反映，"总书记想的就是老百姓盼的，党中央干的就是老百姓赞的"。正是深入贯彻中央八项规定精神的一以贯之、有力有效，充分彰显了以习近平同志为核心的党中央一锤定音、定于一尊的权威，极大增强了全党对党的创新理论的政治认同、思想认同、理论认同、情感认同，极大增强了全党听习近平总书记指挥、向党中央看齐、步调一致向前进的政治自觉、思想自觉、行动自觉，为全党深刻领悟"两个确立"的决定性意义、坚决做到"两个维护"奠定了重要基础，推动党的团结统一达到新的历史高度。

（二）党内政治生活更加严格，党内政治生态不断净化。通过持之以恒贯彻中央八项规定精神，纪律松弛、作风飘浮状况显著改变，真管真严、敢管敢严、长管长严氛围基本形成，党的自我净化、自我

完善、自我革新、自我提高能力显著增强。坚决防范和查处"七个有之"问题，党内政治生活的政治性、时代性、原则性、战斗性明显增强，一度盛行的"潜规则"等不良风气正在失去生存的土壤，清清爽爽的同志关系、规规矩矩的上下级关系日益形成，风清气正的党内政治生态不断形成和发展。

（三）享乐主义、奢靡之风得到有力遏制，形式主义、官僚主义得到重点整治。聚焦"四风"老问题和新动向开展集中整治，攻克了一批司空见惯的作风顽疾，奢靡享乐歪风基本刹住，高高在上、脱离群众等现象明显改观。厉行节约、反对浪费，党政机关带头过紧日子，全国"三公"经费大幅下降，2023年比2012年减少68.4%。全党形成力戒形式主义、官僚主义的思想共识，整治形式主义为基层减负取得明显实质性进展。侵害企业利益、干扰企业经营的作风之弊得到纠治，营商环境、发展环境得到优化，亲清统一的新型政商关系进一步构建，政府效能得到进一步提升。"四风"惯性有效扭转，歪风邪气的生存空间不断压缩，党的作风实现整体好转。

（四）党同人民群众的血肉联系更加密切，党长期执政的基础更加巩固。学习推广"四下基层"制度，坚持和发展新时代"枫桥经验"，深化党建引领基层治理，广泛开展党员志愿服务，用心用情用力解决群众急难愁盼问题，党员、干部增强了同群众一块过、一块苦、一块干的自觉性。大力纠治损害群众利益的不正之风和腐败问题，排查治理民生领域的"微腐败"、妨害惠民政策落实的"绊脚石"，人民群众获得感、幸福感、安全感更加充实、更有保障、更可持续。党员、干部、群众反映，中央八项规定就是新时代的"三大纪律、八项注意"，更加坚定了相信党、依靠党、跟党走的信念信心。2024年国家统计局社情民意调查显示，对党中央带头贯彻落实中央八项规定情况表示满意、总体成效表示肯定的，分别为97.4%、94.9%。

（五）党员、干部工作状态和精神状态更加积极，建功新时代的精气神得到提振。落实中央八项规定精神，遏制了不正之风，使广大党员、干部从接待应酬中解脱出来，把更多的心思和精力投入到工作中，进一步增强了工作责任心、校正了政绩观偏差、激发了干事创业热情。在打赢脱贫攻坚战、推进乡村全面振兴、加强生态文明建设、应对突发事件、抗击自然灾害等重大任务和大战大考中，各级党组织组织有力、守土尽责，广大党员、干部奋勇争先、挺膺担当，党组织政治功能和组织功能进一步彰显，为服务党和国家工作大局、推动经济社会高质量发展凝聚起坚不可摧的强大力量，"中国之治"与"西方之乱"形成鲜明对比，放眼全球"风景这边独好"。大家普遍反映，中央八项规定既是"紧箍咒"，也是"护身符"，为凝心聚力、干事创业营造了良好环境，真抓实干、狠抓落实的氛围越来越浓。

（六）以优良党风带动社风民风向上向善，化风成俗迈出坚实步伐。把加强作风建设与培育践行社会主义核心价值观、新时代公民道德建设、家庭家教家风建设等结合起来，党员、干部自觉抵制各种不良思潮侵蚀，带头践行新风正气，带动全社会敦风化俗。破除封建迷信和陈规陋习，厉行节约、反对浪费的理念深入人心，高额彩礼、厚葬薄养等现象逐渐减少，讲排场、比阔气等不良风气和不理性、不文明消费习俗逐步破除，"光盘行动"、垃圾分类、绿色低碳成为生活新风尚，社风民风明显改变。

中央八项规定深刻改变了中国，并将继续改变中国。中央八项规定带来的变化，是全面深刻的变化、影响深远的变化、鼓舞人心的变化，塑造了在困难面前万众一心、众志成城的党群、干群关系，锤炼了今天这样一个高度团结、坚强有力的中国共产党，增强了我们党在国际风云变幻中保持战略定力、把握历史主动的底气信心。实践充分证明，坚决落实中央八项规定精神，丰富了自我革命有效途径，找到了跳出治乱兴衰历史周期率的第二个答案，开辟了百年大党自我革命新境界。实践充分证明，中国共产党具有彻底的自我革命精神，能够正视并解决自身存在的问题，永远值得人民信任。

在充分肯定成绩的同时，我们也要看到，党面临的"四大考验"、"四种危险"将长期存在，党内存在的思想不纯、组织不纯、作风不纯等突出问题尚未得到根本解决。作风问题具有顽固性、反复性，党员、干部违反中央八项规定及其实施细则精神问题还屡有发生，形式主义、官僚主义现象仍较突出，享乐主义、奢靡之风不时抬头，隐形变异行为潜滋暗长，特别是不担当不作为、推诿扯皮，政绩观偏差、搞"面子工程"，执行政策"一刀切"、层层加码，文风会风不实不正、搞文山会海，整治形式主义为基层减负存在差距，漠视群众、脱离群众、侵害群众利益，违规吃喝，违规收送礼品礼金，借调研培训等名义公款旅游，违规建设、奢华装修楼堂馆所，开展照顾性、无实质内容的一般性出国（境）活动和国内考察调研活动等突出问题，干部群众反映仍较强烈。抓作风建设只有进行时、没有完成时，深入贯彻中央八项规定精神必须知难而进、迎难而上，久久为功、常抓不懈。

四、在实践中总结、从总结中提升，积累的经验弥足珍贵

党的十八大以来深入贯彻中央八项规定精神之所以能够取得显著成效，根本在于有习近平总书记领航掌舵，有习近平新时代中国特色社会主义思想科学指引。全党更加深刻认识到，"两个确立"是新时代最重大政治成果、最宝贵历史经验、最客观实践结论，是党和人民应对一切不确定性的最大确定性、最大底气、最大保证。经过十几年的生动实践，中央八项规定成了改变政治生态和社会面貌的标志性举措，探索了有效方法，积累了宝贵经验，要倍加珍惜，长期坚持。

（一）必须坚持以上率下、示范带动。习近平总书记以身作则、率先垂范，对中央八项规定的制定和落实发挥了决定性作用。"没有总书记，这事干不成"，这是广大党员、干部、群众的高度共识。各级领导干部严于律己、严负其责、严管所辖，形成了上率下随抓作风

建设的强大声势。新时代新征程，必须坚持从政治上认识和对待作风问题，把深入贯彻中央八项规定精神作为重大而严肃的政治任务，坚持领导带头做、带头抓，以"关键少数"示范带动"绝大多数"，增强定力、养成习惯，坚定不移把作风建设的各项要求落到实处。

（二）必须坚持固本培元、激浊扬清。党性坚强、党纪严明，贯彻中央八项规定精神就会更加坚定、更加有效。新时代开展的历次党内集中教育，都以思想教育打头，对标党风要求找差距，对表党性要求查根源，对照党纪要求明举措。新时代新征程，必须坚持经常性教育和集中性教育相结合，以学铸魂、以学增智、以学正风、以学促干，教育引导广大党员、干部学深悟透习近平总书记关于党的建设的重要思想、关于党的自我革命的重要思想，以坚强党性固本培元，以优良党风激浊扬清，以严明党纪整饬作风，自觉遵规守纪、大胆干事创业。

（三）必须坚持心系群众、情系百姓。深入贯彻中央八项规定精神，通过倾听群众意见、接受群众监督、回应群众期待，赢得了人民群众的衷心拥护。新时代新征程，必须走好新时代党的群众路线，"把屁股端端地坐在老百姓的这一面"，坚持相信群众、依靠群众，采取网上网下相结合的方式积极征求群众意见建议，凡是群众反映强烈的问题都严肃认真对待，凡是损害群众利益的行为都坚决纠正，让群众可感可及，以优良作风把广大人民群众紧紧团结在党的周围。

（四）必须坚持制度治党、依规治党。中央八项规定宏观着眼、微观着力，直击要害、务实管用，成为制度治党、依规治党的成功典范。新时代新征程，必须坚持用改革精神和严的标准管党治党，进一步深化党的建设制度改革，将制度建设贯穿作风建设全过程，一手抓建章立制、一手抓贯彻执行，让铁规发力、让禁令生威，推进作风建设常态化长效化。

（五）必须坚持动真碰硬、久久为功。我们党以踏石留印、抓铁有痕的力度和劲头，严肃查处违反中央八项规定精神问题，真正做到有令必行、有禁必止。新时代新征程，必须敢于斗争、善于斗争，紧盯不放、寸步不让，对隐形变异新动向时刻防范，同影响党的先进性、纯洁性的不正之风进行坚决斗争，把正风肃纪反腐贯通起来，把严的基调、严的措施、严的氛围长期坚持下去，确保党不变质、不变色、不变味。

（六）必须坚持明确责任、压实责任。深入贯彻中央八项规定精神，靠的是紧紧扭住责任制这个"牛鼻子"，靠的是各级党组织和党员领导干部切实负起责任。新时代新征程，必须牢记加强作风建设是全党的共同责任，联系全面从严治党的形势任务，准确把握作风建设地区性、行业性、阶段性特点，一级带一级、层层抓落实，推动责任主体到位、责任要求到位、考核问责到位。

作风建设永远在路上，全面从严治党永远在路上，党的自我革命永远在路上。当前，全党正在开展深入贯彻中央八项规定精神学习教育，各级党组织要精心组织实施，推动党员、干部认真学习习近平总书记关于加强党的作风建设的重要论述和中央八项规定及其实施细则精神，学习好运用好深入贯彻中央八项规定精神的成效和经验，一体推进学查改，确保学有质量、查有力度、改有成效，以优良作风凝心聚力、干事创业，不断赢得人民群众信任拥护，为以中国式现代化全面推进强国建设、民族复兴伟业提供有力保障。

擦亮新时代党的建设"金色名片"

——以习近平同志为核心的党中央贯彻执行中央八项规定、推进作风建设纪实

中央党的建设工作领导小组近日召开会议指出，党中央决定，2025 年自全国两会后至 7 月在全党开展深入贯彻中央八项规定精神学习教育。

党的十八大以来，以习近平同志为核心的党中央以制定出台中央八项规定开局破题，坚持自上而下、以上率下，刹住了一些长期没有刹住的歪风，纠治了一些多年未除的顽瘴痼疾，解决了新形势下作风建设抓什么、怎么抓等重大问题。

八项规定一子落地，作风建设满盘皆活，党风政风焕然一新，社风民风持续向好，我们党以作风建设新气象赢得了人民群众衷心拥护。

八项规定，涤荡风气、振奋精神、改变中国。

一以贯之——"中央八项规定不是五年、十年的规定，而是长期有效的铁规矩、硬杠杠"

2024 年岁末，北京中南海，一年一度的党内最高层级民主生活会在此召开。

会议的一项重要议程，就是听取关于 2024 年中央政治局贯彻执行中央八项规定情况的报告。

"领导干部要把锤炼党性、提高思想觉悟作为终身课题""坚决同各种不正之风和腐败现象作斗争"……结合不久前结束的党纪学习教育，习近平总书记在会上对中央政治局同志带头弘扬党的优良传统和作风提出明确要求。

中央政治局每年召开民主生活会，听取贯彻执行中央八项规定情况汇报，开展批评和自我批评，如今已成为惯例。

2012年12月4日，中央政治局审议通过关于改进工作作风、密切联系群众的八项规定。短短600余字，从调查研究、会议活动等8个方面为加强作风建设立下规矩，开启了新时代中国共产党人再塑党的作风的"第一行动"。

习近平总书记曾这样谈制定出台中央八项规定的初衷："党的十八大之后，党中央讨论加强党的建设如何抓时，就想到要解决'老虎吃天不知从哪儿下口'的问题。后来决定就抓八项规定，下口就要真正把那块吃进去、消化掉"。

当有的人还认为八项规定不过是"一阵风"的时候，2013年3月19日下午，一条新闻的发布，引起社会广泛关注——"中央纪委通报6起违反中央八项规定精神的典型问题"。这是中央纪委首次向全国公开通报违反中央八项规定精神典型问题。

这年底，中央纪委再次通报10起违反中央八项规定精神典型问题，和上次只通报单位和职务不同，此次通报点名道姓、直指病灶，产生了极强的震慑效应。

行胜于言。

八项规定出台十二年多来，从抓月饼、抓贺卡、抓烟花爆竹，到抓节假日、抓"八小时外"、抓日常……一个个具体问题的突破，带动面上问题的解决，折射出以习近平同志为核心的党中央抓作风问题的清晰思路、坚定信念。

一以贯之、一抓到底。党的十八大以来，以八项规定整治痼疾、扫除积弊，作风建设被形象地称为党的建设的"金色名片"。

新加坡《联合早报》报道称，当时很少人预见到，公款吃喝等中国官场的"老大难"问题，竟然出现如此明显的改观。

如何把这张金色名片越擦越亮？习近平总书记一直在进行深邃的思考。

从党的群众路线教育实践活动、"三严三实"专题教育、"两学一做"学习教育、"不忘初心、牢记使命"主题教育，到党史学习教育、学习贯彻习近平新时代中国特色社会主义思想主题教育、党纪学习教育……接续开展的党内集中教育，始终将作风建设作为重要内容。

党的十九大将作风建设纳入新时代党的建设总要求；十九届中央政治局、二十届中央政治局第一次会议均研究八项规定实施细则，进一步深化细化；"中央八项规定"写入党的第三个历史决议，作为新时代全面从严治党的成就和经验，镜鉴历史、指引未来……

"制定实施中央八项规定，是我们党在新时代的徙木立信之举，必须常抓不懈、久久为功"，习近平总书记话语掷地有声，"十年不够就二十年，二十年不够就三十年，直至真正化风成俗，以优良党风引领社风民风。"

踏上新征程，迎接新挑战，展现新风貌。

2025年1月6日，二十届中央纪委四次全会在京开幕。

"当前反腐败斗争形势仍然严峻复杂。腐败存量尚未清除，增量还在持续发生，铲除腐败滋生土壤和条件任务仍然艰巨繁重。"

会上，习近平总书记深刻分析当前反腐败斗争形势，对"深入推进风腐同查同治"提出明确要求，指出"始终坚持零容忍，把中央八项规定作为铁规矩、硬杠杠，严肃查处顶风违纪、隐形变异的'四风'问题"。

不正之风和腐败问题相互交织，是现阶段党风廉政建设和反腐败斗争必须着力解决的突出问题。这一重要要求，充分体现我们党对反腐败斗争的规律性认识达到新高度，有着极强的现实针对性。

2025 年是"十四五"规划收官之年，也是进一步全面深化改革的重要一年，"十五五"规划将谋篇布局。

在这一关键时间节点，开展深入贯彻中央八项规定精神学习教育，是巩固深化主题教育和党纪学习教育成果、纵深推进全面从严治党的重要举措，是密切党群干群关系、巩固党的执政基础的必然要求，是推进中国式现代化的有力保障。

以身作则——"各级领导干部要以身作则、率先垂范，说到的就要做到，承诺的就要兑现，中央政治局同志从我本人做起"

调查研究，是我们党的传家宝，是谋事之基、成事之道。中央八项规定的第一条，就是要改进调查研究。

2023 年 4 月，习近平总书记来到改革开放"得风气之先"的广东考察调研。

这是总书记在全面贯彻党的二十大精神开局之年的首次地方考察。不久前启动的学习贯彻习近平新时代中国特色社会主义思想主题教育，把"在全党大兴调查研究"作为重要内容。

在茂名柏桥村的荔枝树下，详细询问荔枝价格、销售渠道、果农收入；在广汽研究院座谈交流，亲自摸情况、直接听反映，寻求真知灼见的"源头活水"……

4 天时间，从湛江、茂名到广州，自西向东穿越粤西大地，从琼州海峡之畔到珠江之滨，辗转千里，习近平总书记不辞辛劳，一路调研、一路思索。

深入基层，躬行求知。党的十八大以来，习近平总书记步履不停，国内考察调研上百次，足迹遍布大江南北，身影总在人民之中，察实情、重实效，为全党重视调研、深入调研、善于调研树立了光辉榜样。

以身作则，体现在工作和生活的方方面面。

考察中一向轻车简从、住宿上简化安排、出访时严格执行外事规定……习近平总书记带头严格执行中央八项规定及其实施细则，不打折扣、不做变通，以实际行动彰显坚定信念，带动全社会新风正气不断充盈。

加强干部作风建设，最重要是抓住保持同人民群众的血肉联系这个核心问题。

乙巳蛇年前夕，山海关外，冰天雪地。习近平总书记一路北上，赴辽宁看望慰问基层干部群众。

"我心里一直牵挂着，那段时间每天都在了解你们这里的情况。"考察辽宁第一站，总书记就辗转火车、汽车，来到在去年洪灾中受灾严重的葫芦岛。

人们依然记得，这一幕幕动人场景——

云南鲁甸地震后，一路颠簸来到震中峡谷，走进满是废墟的院子，询问地震伤亡、抗震救灾情况；新冠疫情防控最吃劲的阶段，飞赴武汉指挥抗疫；山西遭遇罕见秋汛后，冒雪来到临汾市，察看灾后恢复重建情况……

习近平总书记一次次走进灾区实地考察，关心人民群众急难愁盼、实际需求，为大家解难题、鼓干劲、指方向，用实际行动诠释"我是人民的勤务员"真挚情怀。

几年前，习近平总书记同时任意大利众议长菲科举行会见。菲科提了一个问题："您当选中国国家主席的时候，是一种什么样的心情？"

习近平总书记说："这么大一个国家，责任非常重、工作非常艰巨。我将无我，不负人民。我愿意做到一个'无我'的状态，为中国的发展奉献自己。"

以身教者从，以言教者讼。

在改进调查研究方面，有的放矢、直面问题，注重以改革创新精神研究提出解决问题的新思路新举措；在精简会议活动方面，注重从源头控制重大会议活动总量，严控中央会议活动会期、规模、规格；在精简文件简报方面，推动中央法规文件改进文风，落实"短实新"要求，避免超规格发文……

中央政治局其他同志认真贯彻习近平总书记关于作风建设的重要指示要求，严格落实中央八项规定，切实抓好分管领域、部门和所在地方的贯彻落实。

在习近平总书记引领下，新时代中国共产党人全面纯洁党的作风，令出必行、驰而不息，不断提高党的创造力、凝聚力、战斗力。

久久为功——"保持力度、保持韧劲，善始善终、善作善成，不断取得作风建设新成效"

"泰山半腰有一段平路叫'快活三里'，一些人爬累了，喜欢在此歇脚。然而，挑山工一般不在此久留，因为休息时间长了，腿就会'发懒'，再上'十八盘'就更困难了。"

在学习贯彻党的十九大精神研讨班开班式上，面对党内高级干部，习近平总书记用一个生动的故事，诠释"作风建设永远在路上"的质朴道理。

管出习惯、抓出成效、化风成俗。

进入新时代，在习近平总书记引领下，全党深刻把握作风建设新形势新任务新要求，科学精准整治作风顽疾，不断激发党员、干部干事创业动力，以作风建设新成效为奋进新征程保驾护航。

打破"政治潜规则"，以从严纠"风"巩固清正廉洁的政治生态——2023年1月9日至10日，二十届中央纪委二次全会举行。

"以钉钉子精神纠治'四风'，坚决反对特权思想和特权现象，踏石留印、抓铁有痕，刹住了一些长期没有刹住的歪风，纠治了一些多年未除的顽瘴痼疾，以作风建设新气象赢得人民群众信任拥护。"

会议上，习近平总书记深刻总结新时代党的作风建设取得的重大成就。

作风建设在路上，一抓到底不停歇。

党的十八大以来，各级党委（党组）坚持严的标准和严的氛围，纠治"四风"取得显著成效：

深入整治违规收送礼品礼金、违规吃喝等问题，深挖细查快递送礼、公款旅游等隐形变异问题，对办公用房超标问题紧盯不放，一系列歪风积弊成了人人喊打的"过街老鼠"；

对搞"半拉子工程""面子工程"以及不担当不作为乱作为等专项整治，集中纠治做选择搞变通打折扣、表态多调门高、行动少落实差问题，一大批改革部署得以落实到位；

针对餐饮浪费和"三公"经费支出等方面存在的问题联动联查、严查酒驾醉驾背后的"四风"问题、推进监督综合信息平台建设，风腐防治的防线不断筑牢。

如今，广大党员、干部普遍反映，中央八项规定极大改善了党内政治生活和政治生态，让大家感受到了实实在在、真真切切的变化。

"小切口"打开大变局，以党风政风焕然一新撬动社会风气深刻变化——

2025年3月3日，北京京西宾馆迎来了前来参加十四届全国人大三次会议的江苏代表团。

"进入房间，桌上摆放的《改进会风严肃会纪工作守则》格外醒目，上面的要求既明确又具体。"全国人大代表张兆丽表示，参会期间，简朴务实的会风给她留下了深刻印象。

全国两会，是我国政治生活中的一件大事，也是观察党风政风的重要窗口。

不举办代表团迎送仪式，矿泉水摆放处设置"空瓶行动"标识，倡导"光盘行动"，减少用房数量，提高车辆使用效率……全国两会期间，节俭之风处处体现，中央八项规定精神转化为清新会风、严明会纪的生动实践。

好会风反映好作风，"厉行节约、反对浪费"的理念愈发深入人心。

"小份菜更合适""剩下的菜打包带走"，餐馆里的对话折射风气之变；月饼、大闸蟹等曾被"天价"异化的食品，重回"亲民"路线；婚事新办、丧事简办被越来越多人接受；不少人感叹"过去比谁车好，现在比谁微信步数多"……

八项规定带来的作风之变，正具体而深刻地影响着中国人的生活。

让基层干部卸下"包袱"，为谱写"中国之治"新篇章注入强劲动力——

2024年深秋，习近平总书记南下湖北。在咸宁市嘉鱼县潘家湾镇四邑村党群服务中心，墙上张贴的《服务群众事项清单》，吸引了总书记的目光。

"过去更多的是要求群众去做事，现在更多的是党员干部给群众办事、做服务，这是一个根本的变化。"习近平总书记说，"要持续为基层减负，让基层干部能够用更多时间和精力来服务群众。"

只有卸掉应减之负，方能勇担应担之责。

对此，习近平总书记高度重视，在国内考察中多次走进乡村、社区等，关心为基层减负措施落地实效。

在重庆看社区报表，深刻指出"为基层减负要明确权责，不能什么事都压给基层"；在青海谈党纪学习教育，郑重强调"持续深化整治形式主义为基层减负"；在甘肃问减负成效，鲜明提出"干好有用的事，少做无用功，需要上下各方面共同努力"……

以习近平同志为核心的党中央把为基层减负的政治责任扛在肩上，引领全党树立起为基层松绑减负、激励干部为民服务的实干导向。

从确定"基层减负年"，到印发《整治形式主义为基层减负若干规定》，中央作出一系列决策部署，为基层治理赋能增效。从开展"一网统管""一表同享"改革，到做实乡镇（街道）的"吹哨"调度权、考核评价权、人事建议权等，各地区各部门落实具体举措，促广大干部担当作为。

一组最新数据，正是变化的生动写照：

整治基层"滥挂牌"问题，将村（社区）办公场所外部各类牌子规范为 4 至 6 块；

以省部级党政机关名义举办的节庆、展会、论坛活动数量分别压减 46.3%、65.2%、48.3%；

……

如今，越来越多的基层干部走出机关、走进群众，主动把问题解决在基层、把困难攻克在一线，推动基层治理体系和治理能力现代化建设持续加强。

加强作风建设是一场攻坚战、持久战。

当前，"人情社会""面子文化"积习尚在，一些"官场潜规则"惯性仍存，一些地方整治形式主义"一刀切""搞变通"引发新问题，滋生"四风"和腐败的社会文化土壤并未根除，改进作风道阻且长仍需久久为功。

今年全国两会闭幕仅一周，3 月 17 日至 20 日，习近平总书记来到贵州、云南两地考察调研。

在贵州，强调"各级党组织要精心组织实施，推动党员、干部增强定力、养成习惯，以优良作风凝心聚力、干事创业""要坚持党性党风党纪一起抓、正风肃纪反腐相贯通"；

在云南，要求"各级党组织和广大党员、干部要自觉增强学习教育的责任感紧迫感，联系全面从严治党的形势任务，联系本地本部门本单位这些年抓作风建设的具体实践，进一步吃透中央八项规定及其实施细则精神，把握相关纪律处分条规，为查摆问题、集中整治打牢思想政治基础"……

聚焦刚刚启动的深入贯彻中央八项规定精神学习教育，习近平总书记划出清晰重点、提出明确要求，传递出一以贯之贯彻落实中央八项规定精神，把作风建设进行到底的鲜明信号。

雄关漫道真如铁，而今迈步从头越。在以习近平同志为核心的党中央坚强领导下，新时代中国共产党人庄严宣示——

八项规定已经深刻改变中国，八项规定还将继续改变中国！

（新华社记者：孙少龙、丁小溪、王子铭）

永远在路上

——以习近平同志为核心的党中央引领全面从严治党向纵深推进

治国必先治党，党兴才能国强。

进入新时代，以习近平同志为核心的党中央以前所未有的勇气和定力推进全面从严治党，开辟了百年大党自我革命的新境界，探索出依靠党的自我革命跳出历史周期率的成功路径。

踏上新征程，推进强国建设、民族复兴伟业，习近平总书记向全党发出号召——

"要站在事关党长期执政、国家长治久安、人民幸福安康的高度，把全面从严治党作为党的长期战略、永恒课题，始终坚持问题导向，保持战略定力，发扬彻底的自我革命精神，永远吹冲锋号，把严的基调、严的措施、严的氛围长期坚持下去，把党的伟大自我革命进行到底。"

制胜之道——"我们只有勇于自我革命才能赢得历史主动"

2023年年终岁尾，北京中南海怀仁堂。

中共中央政治局一连两天召开学习贯彻习近平新时代中国特色社会主义思想主题教育专题民主生活会，总结成绩，查摆不足，进行党性分析，开展批评和自我批评。

"勇于自我革命是我们党最鲜明的品格和最大优势。中央政治局的同志要始终按照马克思主义政治家的标准严格要求自己，在洁身自好、廉洁自律上为全党树标杆、作表率"。习近平总书记在会上的重要讲话，体现以上率下持续推进党的自我革命的明确要求。

成其身而天下成，治其身而天下治。

全面建设社会主义现代化国家、全面推进中华民族伟大复兴，关键在党。伟大事业掀开新篇章，伟大工程更须开创新局面。

秉持"党的自我革命永远在路上"的自觉，警醒全党时刻保持解决大党独有难题的清醒和坚定——

2022 年 10 月 27 日，党的二十大闭幕不到一周，习近平总书记带领二十届中共中央政治局常委来到中国革命"胜利的出发点"延安。

在杨家岭毛泽东同志旧居里，一张泛黄的照片吸引了习近平总书记的目光。那是 1945 年 7 月初，毛泽东同志到机场迎接前来考察的黄炎培一行。

当年，在延安的窑洞里，黄炎培提出如何跳出"其兴也勃焉，其亡也忽焉"历史周期率的问题，毛泽东同志给出第一个答案，就是"让人民来监督政府"。

如今，以习近平同志为核心的党中央在新时代全面从严治党伟大实践中给出第二个答案，这就是自我革命。

此次延安之行，习近平总书记再次强调："勇于推进党的自我革命，坚定不移推进全面从严治党，始终保持党的先进性和纯洁性，确保党始终成为中国特色社会主义事业的坚强领导核心。"

党的十八大以来，全面从严治党是新时代伟大变革的重要组成部分，也是重要政治保障，产生了全方位、深层次影响。

面对新时代全面从严治党的历史性、开创性成就，习近平总书记始终冷静清醒。

2022 年 10 月 12 日，在党的十九届七中全会上，习近平总书记语重心长地说："大党大国，既是我们办大事、建伟业的优势，也使我

2023 年 6 月 30 日，在陕西延安宝塔山参观的党员干部重温入党誓词。新华社记者 张博文 摄

们治党治国面对很多独有难题。"

几天后，在党的二十大上，习近平总书记向全党提出一个重大论断："我们党作为世界上最大的马克思主义执政党，要始终赢得人民拥护、巩固长期执政地位，必须时刻保持解决大党独有难题的清醒和坚定。"

何为大党独有难题？

"如何始终不忘初心、牢记使命，如何始终统一思想、统一意志、统一行动，如何始终具备强大的执政能力和领导水平，如何始终保持干事创业精神状态，如何始终能够及时发现和解决自身存在的问题，如何始终保持风清气正的政治生态，都是我们这个大党必须解决的独有难题。"2023 年 1 月，在二十届中央纪委二次全会上，习近平总书记以"六个如何始终"作出深刻分析。

历史重大关头，中国共产党人始终常怀忧虑、居安思危，以彻底的自我革命精神检视自身，彰显强烈的历史自觉和使命担当。

深知"强大的政党是在自我革命中锻造出来的"，不断在实践基础上深化对管党治党的规律性认识——

2023年6月30日下午，党的生日前夕，中共中央政治局就开辟马克思主义中国化时代化新境界进行第六次集体学习。

谈及理论创新要及时科学解答时代新课题，习近平总书记明确要求：在世界马克思主义政党命运比较和我们党长期执政面临的现实考验中深化对党的自我革命战略思想的规律性认识。

从在党建领域鲜明提出"自我革命"，到强调勇于自我革命"是我们党最鲜明的品格"；从提出"以伟大自我革命引领伟大社会革命"的"两个革命"重要论述，到突出强调党的建设新的伟大工程在"四个伟大"中的决定性作用……

进入新时代，以习近平同志为核心的党中央深刻总结党的历史经验特别是党的十八大以来的新鲜经验，提出了党的自我革命的重要论断并形成战略思想。

党的二十大报告中，"健全全面从严治党体系"的要求格外醒目，这是这一表述在党的全国代表大会报告中首次提出。

如何推进这一"具有全局性、开创性的工作"？

"健全这个体系，需要坚持制度治党、依规治党，更加突出党的各方面建设有机衔接、联动集成、协同协调，更加突出体制机制的健全完善和法规制度的科学有效，更加突出运用治理的理念、系统的观念、辩证的思维管党治党建设党。"习近平总书记指明路径要求。

实践不断扩展，认识不断深化。

2023年6月召开的全国组织工作会议，提出"习近平总书记关于党的建设的重要思想"，并用"十三个坚持"进行系统总结和集中概括。

习近平总书记关于党的建设的重要思想，以一系列原创性成果极大丰富和发展了马克思主义建党学说，标志着我们党对马克思主义执政党建设规律的认识达到了新高度。

牢记"中国共产党是什么、要干什么这个根本问题"，确保党依靠自我革命始终不变质、不变色、不变味——

冬日时节，阳光铺洒在江苏盐城市建军东路新四军纪念馆。2023年12月3日上午，习近平总书记在结束上海考察返京途中，专程来到这里参观。

展厅墙上镌刻的"吃菜要吃白菜心，当兵要当新四军"的民谣，记录着抗战时期军民合力共筑拦海大堤故事的宋公碑……总书记感慨道："民心向背决定着历史的选择，江山就是人民、人民就是江山。"

得民心者得天下。

习近平总书记深刻指出："进行自我革命也要注重依靠人民，靠人民群众支持和帮助解决自身问题。"

因为"共产党是为人民服务的党"，所以无惧人民监督；因为"没有任何自己特殊的利益"，所以敢于自我革命。跳出历史周期率的两个答案，映照着颠扑不破的真理——"人心向背关系党的生死存亡"。

唯有"我将无我，不负人民"，方有"得罪千百人，不负十四亿"的无畏勇气。始终将人民作为立党兴党强党的根本出发点和落脚点，这是将党的自我革命进行到底的勇气所在、底气所在、动力所在。

标本兼治——"打出一套自我革命的'组合拳'"

党的二十大期间，习近平总书记来到广西代表团，同大家一起讨论党的二十大报告。

回顾全面从严治党的波澜壮阔历程，习近平总书记感慨地说：

"党的十八大以来，党中央以'十年磨一剑'的定力推进全面从严治党，以'得罪千百人，不负十四亿'的使命担当推进史无前例的反腐败斗争。""特别是十年下来，我们这一套自我革命的'组合拳'

是载入史册的。"

党的二十大报告擘画了强国建设、民族复兴的宏伟蓝图，最后一章正是"坚定不移全面从严治党，深入推进新时代党的建设新的伟大工程"，字里行间展现出一个大党面向未来、继续自我革命的决心魄力。

保持高压态势，把严的基调、严的措施、严的氛围长期坚持下去——

"新疆维吾尔自治区党委原副书记李鹏新涉嫌严重违纪违法，目前正接受中央纪委国家监委纪律审查和监察调查。"

2023年12月11日，随着中央纪委国家监委网站这条"一句话新闻"的发布，该网站2023年公开发布的"落马"中管干部已达45人。

反腐败是最彻底的自我革命。密集发布的"打虎"信息，展现将全面从严治党进行到底的坚定意志。

从坚持以零容忍态度反腐惩恶，到严查重点问题、紧盯重点对象，系统整治重点领域，再到坚持受贿行贿一起查，惩治新型腐败和隐性腐败，攻坚战持久战持续发力；

从严查"四风"问题，到重点纠治形式主义、官僚主义，再到坚持党性党风党纪一起抓，推进作风建设常态化长效化，"金色名片"越擦越亮；

从聚焦"国之大者"加强政治监督，到二十届中央第一、二轮巡视完成对中管企业全覆盖，再到开展全国纪检监察干部队伍教育整顿，各项监督多管齐下；

……

党的二十大以来，全面从严治党向纵深推进，节奏不变、力度不减、尺度不松，始终利剑高悬、震慑常在。

扎紧制度"篱笆"，完善党的自我革命制度规范体系——

2023年12月27日，修订后的《中国共产党纪律处分条例》全文发布，这是党的十八大以来党中央对这一条例的第三次修订。

严明政治纪律和政治规矩、在全链条全周期全覆盖上不断发力、激励引导党员干部担当作为、促进执纪执法贯通……

作为规范党组织和党员行为的基础性法规，党纪处分条例的再次修订，释放出越往后执纪越严的强烈信号。

小智治事，大智治制。

从健全纪检监察法规制度体系，推动党内法规制度与时俱进，到持续深化纪检监察体制改革，推动纪检监察工作规范化、法治化、正规化水平不断提升，再到按照党统一领导、全面覆盖、权威高效的要求，不断完善党和国家监督体系……

党的二十大以来，全面从严治党向纵深推进，制度建设蹄疾步稳，自我净化、自我完善、自我革新、自我提高的制度规范体系进一步完善，为党的伟大自我革命提供坚实保障。

筑牢思想根基，以高度的思想自觉引领行动自觉——

2023年，一场新时代中国共产党人的"新的学习竞赛"——学习

2024年1月5日，在广西融安县浮石镇六寮村议事协商主题广场，镇、村干部和村民在议事。新华社记者 黄孝邦 摄

2023 年 10 月 11 日，在江苏省淮安市涟水县红窑镇金沙村，涟水县人大代表章金纯（中）听取党员群众关于村级发展的意见建议。新华社记者 季春鹏 摄

贯彻习近平新时代中国特色社会主义思想主题教育，在全党深入展开。

主题教育启动后，习近平总书记出京调研来到广东。4 天时间、辗转千里，自西向东穿行粤西大地，深入企业、港口、农村，同工人、农民、企业家、科技人员等亲切交流，以广泛而深入的调研为全党作出表率。

在考察中，习近平总书记指出："开展主题教育是今年党的建设的重大任务。各级党组织要坚决贯彻落实党中央的工作部署，教育引导党员、干部在以学铸魂、以学增智、以学正风、以学促干上下功夫见实效。"

有什么样的党内政治生活，就有什么样的党风政风。

党的群众路线教育实践活动、"三严三实"专题教育、"两学一做"学习教育、"不忘初心、牢记使命"主题教育、党史学习教育、学习贯彻习近平新时代中国特色社会主义思想主题教育……接续开展的党内集中教育和经常性教育，为广大党员干部补钙壮骨。

从开展警示教育，扎实做好以案促改"后半篇文章"，到加强廉洁文化建设，以正心修身增强不想腐的自觉，再到加强理想信念教育，挺起共产党人的精神脊梁……党的二十大以来，全面从严治党向纵深推进，一系列强基固本、凝心铸魂的举措，不断淬炼自我革命锐利思想武器。

常青之道，贵在自胜。

正如习近平总书记所指出："放眼全世界，没有任何一个政党能像中国共产党如此严肃认真地对待自身建设，如此高度自觉地以科学的态度、体系化的方式推进自我革命，这是我们党的显著优势，也是引领时代的制胜之道。"

新时代中国共产党人惕厉自省、笃行不怠，深入推进管党治党实践创新、理论创新、制度创新，推动百年大党在革命性锻造中淬火成钢，焕发出更加旺盛的生机活力，形成了中国共产党之治、中国之治的独特优势。

再启新程——"走好新的赶考之路的必由之路"

2023 年 12 月 26 日，北京人民大会堂，中共中央举行纪念毛泽东同志诞辰 130 周年座谈会。

"中国式现代化是中国共产党领导的社会主义现代化，只有时刻保持解决大党独有难题的清醒和坚定，把党建设得更加坚强有力，才能确保中国式现代化劈波斩浪、行稳致远。"习近平总书记的重要讲话，道出新征程上一以贯之推进全面从严治党的深远意义。

中国式现代化是人类历史上规模最大的现代化，是前无古人的伟大事业。艰巨繁重的系统工程，从来不是轻轻松松、敲锣打鼓就能实现的。

前进路上，既有无限风光，亦有乱云飞渡。

环顾国内，经济恢复面临繁重任务，周期性和结构性矛盾叠加，改革发展稳定依然有不少深层次矛盾；

放眼全球，世界之变、时代之变、历史之变正以前所未有的方式展开，世界进入新的动荡变革期；

检视自身，党的建设特别是党风廉政建设和反腐败斗争面临不少顽固性、多发性问题，党面临的"四大考验""四种危险"将长期存在……

打最硬的铁，须是铁打的人。全面从严治党是党永葆生机活力、走好新的赶考之路的必由之路。

新征程上继续推进党的自我革命，必须始终坚守根本政治方向，坚持和加强党的全面领导，坚持以党的政治建设为统领，推动全党更加深刻领悟"两个确立"的决定性意义，增强"四个意识"、坚定"四个自信"、做到"两个维护"，在党的旗帜下团结成"一块坚硬的钢铁"，心往一处想、劲往一处使，为中华民族伟大复兴号巨轮劈波斩浪注入强大动能。

全面从严治党再启新程，更好发挥政治引领和政治保障作用——

"持续加大粮食购销领域腐败问题惩治力度，对涉粮问题线索开展清底式'回头看'""深入查办'影子股东''影子公司''国皮民骨'以及关联交易、套取资金、输送利益等案件"……

2023开年，中央纪委国家监委印发《关于深化粮食购销领域腐败问题专项整治工作的意见》，对粮食购销领域腐败问题专项整治工作再动员、再部署。

2023年以来，从金融系统、国有企业到体育、医疗卫生，重点领域、关键环节反腐纵深推进，为经济社会高质量发展清障护航。

新征程上继续推进党的自我革命，必须紧紧围绕推进中国式现代化这个最大的政治，紧扣高质量发展这个首要任务，聚焦制约高质量发展的突出问题正风肃纪反腐，聚焦国家治理体系和治理能力现代化健全监督体系，以管党治党的新气象新作为推动中国式现代化建设取得新进展新突破。

全面从严治党再启新程，激发求真务实和担当作为的奋斗力量——

"要不折不扣抓落实，确保最终效果符合党中央决策意图。要雷厉风行抓落实，统筹把握时度效。要求真务实抓落实，坚决纠治形式主义、官僚主义。要敢作善为抓落实，坚持正确用人导向，充分发挥各级领导干部的积极性主动性创造性。"2023年中央经济工作会议上，习近平总书记强调的"四个抓落实"掷地有声。

办好中国的事，关键在党，关键在人。

从准确运用"四种形态"，坚持"三个区分开来"，更好激发广大党员干部的积极性主动性创造性；到持续整治形式主义、官僚主义问题，严厉纠治文山会海、层层加码、过度留痕等问题，为基层减负；再到坚持正确用人导向，做好优秀年轻干部选拔培养工作，着力建设堪当民族复兴重任的高素质干部队伍……

新征程上继续推进党的自我革命，必须坚持严管和厚爱结合、激励和约束并重，推动广大党员干部以更加坚定的理想信念、更加过硬的能力素质、更加严明的纪律作风、更加饱满的精神斗志积极担当作为，不断形成奋进新征程、建功新时代的浓厚氛围和生动局面。

全面从严治党再启新程，始终站稳以人民为中心的根本立场——

"今年上半年，全国共查处民生领域不正之风和腐败问题3.6万余个，批评教育帮助和处理5.2万余人。"2023年8月，中央纪委国家监委网站公布的这一数据，引起社会广泛关注。

"时代是出卷人，我们是答卷人，人民是阅卷人。"

从严肃惩治啃食群众利益的"蝇贪蚁腐"，坚决查处就业创业、教育医疗、养老社保等领域群众身边的腐败问题；到中办、国办印发《乡村振兴责任制实施办法》，压实五级书记抓乡村振兴责任，中央纪委印发意见要求大力整治乡村振兴领域不正之风和腐败问题；再到推动

2023 年 10 月 8 日，在广西柳州市融水苗族自治县安陲乡江门村，江门村党总支书记、村委会主任杨宁（左）和同事在乡村振兴直播间准备直播工作。新华社记者 黄孝邦 摄

基层监督落实落细，畅通群众监督渠道，规范基层权力运行……

新征程上继续推进党的自我革命，必须顺应群众所思所想所忧所盼，不断以全面从严治党的新成效取信于民、筑牢党的执政根基，确保党始终赢得保持同人民群众的血肉联系、人民衷心拥护的历史主动，始终成为全体人民最可靠的主心骨。

风雨兼程赶考路，击鼓催征再出发。

在以习近平同志为核心的党中央坚强领导下，一刻不停推进全面从严治党，深入推进新时代党的建设新的伟大工程，坚持以伟大自我革命引领伟大社会革命、以伟大社会革命促进伟大自我革命，新时代中国共产党人必将在新的赶考之路上交出新的更加优异的答卷！

（新华社记者：朱基钗、孙少龙、高蕾）

严的标准立起来　实的作风树起来

——坚定不移推进全面从严治党之"作风篇"

纠治"四风"永不停歇，作风建设永不止步。

2023 年是全面贯彻党的二十大精神的开局之年。在以习近平同志为核心的党中央坚强领导下，中央纪委国家监委和地方各级纪检监察机关始终坚持严的基调、严的措施、严的氛围，持续加固中央八项规定堤坝，一刻不停纠"四风"树新风，为推动党的二十大精神落地见效提供坚强作风保障。

严查"四风"　推进作风建设常态化长效化

"查处违反中央八项规定精神问题 11860 起，批评教育和处理 16728 人，给予党纪政务处分 11870 人……"

2023 年 12 月 28 日，中央纪委国家监委公布了 2023 年 11 月全国查处违反中央八项规定精神问题情况月报数据。这已是该数据连续公布的第 123 个月。

一年来，中央纪委国家监委和各级纪检监察机关坚持严字当头，对"四风"问题露头就打。

严守节点不放松——

"国家发展改革委评估督导司原党支部书记、司长王青云违规收受礼品、礼金，接受可能影响公正执行公务的宴请等问题""中国五矿集团中冶华天工程技术有限公司原党委书记、董事长田野违规公款送礼，提供可能影响公正执行公务的宴请等问题"……

2023年中秋、国庆节前夕，中央纪委国家监委公开通报七起违反中央八项规定精神典型问题，再次释放紧盯关键时间节点、严抓作风问题的鲜明信号。

节点就是"考点"，年关就是"廉关"。

节前教育提醒、通报曝光，节中监督检查、明察暗访，节后严查快处、督促整改……各级纪检监察机关一个节点一个节点坚守，以正风肃纪"组合拳"纠治"节日病"，以党风政风持续向好不断赢得群众的信任信赖。

严查案件不手软——

2022年12月，青海省6名党员领导干部在参加青海省党政主要领导干部学习贯彻党的二十大精神培训班期间，违规聚餐饮酒，并导致一名干部死亡。此事造成严重后果和恶劣影响，引起广泛关注。

随后，中央纪委国家监委提级审查调查并指导青海省纪委监委，严肃查处并公开通报了这起案件，指出违规吃喝问题在各类"四风"问题中反弹风险较高，强调这是"顶风违纪的典型案件，广大党员干部要从中深刻汲取教训，严守纪法红线，以坚强党性保证党的作风建设"。

2023年以来，中央纪委国家监委和各级纪检监察机关把查处案件摆在更加突出位置，对典型案例及时通报曝光，持续释放严的强烈信号，加大警示震慑作用，强化"不敢"氛围，不断把作风建设引向深入。

江西、湖北等地围绕违规吃喝问题开展专项治理；河北、安徽等地集中治理违规收送礼品礼金问题；贵州、甘肃等地开展不作为、乱作为问题整治……过去一年，各级纪检监察机关坚持以案为鉴，结合实际创新方式方法，查作风之弊、扫行为之垢，以重点问题突破带动整体工作，把严的标准、实的作风切实落到位。

作风建设不是一朝一夕之事，需要久久为功。

中央纪委国家监委党风政风监督室有关负责人表示，纪检监察机关将紧盯"四风"问题，加强监督检查、明察暗访，不断把纠治"四风"实践成果转化为制度规范，持续推进作风建设常态化长效化，积小胜为大胜，化量变为质变。

重点纠治形式主义官僚主义　确保党中央决策部署落实见效

"吉林省白城市政府办公室重复转发文件、照搬照抄上级文件内容""辽宁省本溪市总工会制定文件脱离实际、层层加码""贵州省毕节市农业生态环境与资源保护站搞过度留痕"……

2023 年 7 月，中央纪委国家监委首次专题公开通报十起加重基层负担的形式主义、官僚主义典型问题，内容一针见血、直指病灶，传递出坚决纠治形式主义、官僚主义的鲜明导向。

形式主义、官僚主义是实现新时代新征程党的使命任务的大敌，必须动真碰硬、靶向纠治。

过去一年，中央纪委国家监委和各级纪检监察机关聚焦"国之大者"，围绕粮食购销、耕地保护、数据统计、防汛救灾等领域，强化监督执纪，严肃查处了一批形式主义、官僚主义典型案例，形成强烈震慑。

作风监督保驾护航——

辽宁大连严肃查处并通报在耕地保护工作中不担当、不作为、乱作为问题，以铁的纪律护航耕地保护和粮食安全；

广东开展优化营商环境专项监督，严肃纠治"新官不理旧账"、漠视侵害企业合法权益等作风问题；

内蒙古开展"半拉子工程"大起底，推动盘活销号，坚决纠正政绩观扭曲、事业观偏差问题；

……

各级纪检监察机关坚持党中央重大决策部署到哪里、作风监督就跟进到哪里，精准纠治不作为乱作为、加重基层负担的不正之风等突出问题，以有力有效举措把实的作风树起来。

制度规范划出红线——

扭转风气，制度先行。

针对形式主义、官僚主义问题定性难、查处难的问题，新修订的《中国共产党纪律处分条例》进一步明晰了纪律红线；中国移动纪检监察组和天津市、湖北省研究编写了形式主义、官僚主义定性量纪指引、案例指导，推动精准监督执纪……

过去一年，中央纪委国家监委和各级纪检监察机关在明纪律立规矩上持续发力，细化完善制度规范、织密监督网络，划出作风建设红线，让纠治形式主义、官僚主义落到实处、深入人心。

党的二十大以来，截至 2023 年 11 月，全国共查处形式主义、官僚主义问题 4.8 万起，批评教育和处理 7.5 万人。

"要紧跟党中央因时因势作出的决策部署，把纠治形式主义、官僚主义作为一项重要工作。"中央纪委国家监委党风政风监督室有关负责人表示，各级纪检监察机关要把推进中国式现代化作为最大的政治，充分履行职能职责，坚决纠治形式主义、官僚主义，确保党中央决策部署落实见效。

以人民为中心　严查群众身边的不正之风和腐败问题

"多亏了你们，现在灌溉土地的费用降低了，还不到原来价格的一半。"2023 年 12 月，在山东济宁市嘉祥县杨楼村，种粮大户高克国高兴地说。

据了解，针对村民反映杨楼村灌溉水费过高的问题，嘉祥县纪委监委开展村集体"三资"专项整治，以"村级集体资产资源承包、租赁、出让等行为不规范"为切口，采取县纪委监委统筹抓总、职能部门指导督促、镇街具体落实的工作方式，整治漠视侵害群众利益的不正之风，助力乡村振兴提质增效。

乡村振兴关系着农民群众的生计和幸福，是作风建设的重要着力点。

2023年2月，中央纪委印发《关于开展乡村振兴领域不正之风和腐败问题专项整治的意见》，要求各级纪检监察机关坚持严的基调、采取严的措施大力整治乡村振兴领域不正之风和腐败问题，为全面推进乡村振兴、促进全体人民共同富裕提供坚强保障。

"学研行"并重、"室组地"联动、大数据赋能、清廉示范村创建……过去一年，各级纪检监察机关聚焦群众急难愁盼问题，开展专项整治、统筹监督力量、培育清廉文化，多措并举深入整治乡村振兴领域不正之风和腐败问题，推动乡村振兴战略落地见效，惠及更多人民群众。

"我们只需用手机扫一扫，就可以直接进行一键查询和举报。"2023年11月，贵州省黔东南苗族侗族自治州黄毛村村民田浩龙拿着手机扫描"码上民生监督直通车"二维码后，平台上惠民政策查询、监督举报入口等内容一览无余。

"码上民生监督直通车"是贵州省黔东南苗族侗族自治州纪委监委探索数字化赋能基层群众监督的举措。目前，平台共收到1万余条群众监督信息，涉及惠民补贴发放、学校餐饮等多个领域。

一年来，一个个案件、一次次监督、一项项整治，让人民群众切实感受到党风政风之变、公平正义之实。

作风建设只有进行时、没有完成时。新征程上，唯有始终坚持严的基调、严的措施、严的氛围，更加坚定不移加强作风建设，才能以清风正气凝聚干事创业的正能量，开创各项事业蓬勃发展的新局面。

（新华社记者：黄玥）

为不断推进新时代党的建设新的伟大工程提供坚强保障

——党的十八届三中全会以来党的建设制度改革成就综述

治国必先治党，党兴才能国强。

进入新时代，习近平总书记带领全党以前所未有的决心和力度推进全面从严治党，创造性提出一系列具有原创性、标志性的新理念新思想新战略，形成习近平总书记关于党的建设的重要思想、习近平总书记关于党的自我革命的重要思想，带领全党找到跳出治乱兴衰历史周期率的"第二个答案"，指引百年大党开辟了自我革命新境界。

完善党的领导制度体系、健全全面从严治党体系、强化权力运行制约和监督……党的十八届三中全会以来，在以习近平同志为核心的党中央坚强领导下，党的建设制度改革深入推进，全面从严治党系统性创造性实效性不断提高，党的面貌焕然一新，风清气正的良好政治生态蔚然成风，为党和国家事业取得历史性成就、发生历史性变革提供了坚强政治保证。

党的领导制度体系日益完善，确保党始终总揽全局、协调各方

2024 年 6 月 27 日，习近平总书记主持召开中共中央政治局会议，研究进一步全面深化改革、推进中国式现代化问题。

在会议提出的进一步全面深化改革应贯彻的原则中，第一条即是

"坚持党的全面领导，坚定维护党中央权威和集中统一领导，发挥党总揽全局、协调各方的领导核心作用，把党的领导贯穿改革各方面全过程，确保改革始终沿着正确政治方向前进"，充分彰显党的领导之于全面深化改革的关键作用。

2024年1月4日，北京中南海。习近平总书记主持中共中央政治局常委会会议，利用一个整天时间听取全国人大常委会、国务院、全国政协、最高人民法院、最高人民检察院党组工作汇报，听取中央书记处工作报告。

近年来，党中央每年听取"五大班子"的工作汇报和中央书记处工作报告。这已成为加强和维护党中央集中统一领导的重要制度安排。

在国家制度和国家治理体系中，党是决定整个系统运行的关键。习近平总书记深刻指出，我们推进各方面制度建设、推动各项事业发展、加强和改进各方面工作，都必须坚持党的领导，自觉贯彻党总揽全局、协调各方的根本要求。

党的十八届三中全会以来，以习近平同志为核心的党中央将坚持和加强党的领导置于全面深化改革的突出位置，作出一系列重要决策部署，党的领导制度建设不断取得新突破：

旗帜鲜明，充分彰显"党政军民学，东西南北中，党是领导一切的"，将中国共产党领导这一"中国特色社会主义最本质的特征"载入党章和宪法；

夯基垒台，深化党和国家机构改革，着眼于把党作为最高政治领导力量的地位和作用进一步制度化，调整重组优化数十个部门，党和国家组织结构和管理体制实现系统性、整体性重构；

立柱架梁，成立中央全面深化改革委员会、中央国家安全委员会、中央网络安全和信息化委员会、中央财经委员会、中央全面依法治国委员会等，强化党中央决策议事协调机构职能作用；

建章立制，出台《中共中央政治局关于加强和维护党中央集中统一领导的若干规定》《中国共产党重大事项请示报告条例》等党内法规，党的全面领导更加制度化、规范化；

融会贯通，将党的领导融入意识形态工作、国有企业治理、高校领导体制、群团组织建设等各类工作全过程、各方面……

通过实施一系列创制性举措，横向到边、纵向到底的党的领导制度体系更加成熟定型。

2019年10月31日下午，人民大会堂，党的十九届四中全会胜利闭幕。

锚定全面深化改革总目标，全会通过的《中共中央关于坚持和完善中国特色社会主义制度、推进国家治理体系和治理能力现代化若干重大问题的决定》，将党的领导制度明确为我国根本领导制度，抓住了国家治理的关键和根本。

2023年6月，全国组织工作会议在京召开，会议鲜明提出习近平总书记关于党的建设的重要思想，并用"十三个坚持"进行系统总结和集中概括。

"十三个坚持"中，居首位的正是"坚持和加强党的全面领导"，充分彰显党的领导的关键作用、重要意义。

充分发挥总揽全局、协调各方的领导核心作用，一个更加坚强有力的党，正领航中华"复兴号"巨轮劈波斩浪、勇往无前。

全面从严治党体系不断健全，全面推进党的自我净化、自我完善、自我革新、自我提高

2024年1月，北京京西宾馆，二十届中央纪委三次全会在此举行，全会深刻阐述了习近平总书记关于党的自我革命的重要思想。

会上，习近平总书记明确提出深入推进党的自我革命"九个以"的实践要求，其中之一正是"以健全全面从严治党体系为有效途径"。

健全全面从严治党体系，是党的二十大报告提出的加强新时代党

的建设伟大工程的重大举措。

习近平总书记深刻指出，党的十八大以来，我们把全面从严治党作为新时代党的建设的鲜明主题，提出一系列创新理念，实施一系列变革实践，健全一系列制度规范，推动党的建设这项伟大工程不断深化发展，初步构建起全面从严治党体系。

健全全面从严治党体系，制度建设尤为重要。正在全党开展的党纪学习教育，学习重点正是最新修订的《中国共产党纪律处分条例》。

严明政治纪律和政治规矩、在全链条全周期全覆盖上不断发力、激励引导党员干部担当作为、促进执纪执法贯通……作为规范党组织和党员行为的基础性党内法规，党纪处分条例的再次修订，进一步扎紧制度的"篱笆"，释放出越往后执纪越严的强烈信号。

全面从严治党永远在路上，党的建设制度改革只有进行时。

从纪律处分条例、问责条例，到关于新形势下党内政治生活的若干准则、党内监督条例，再到首部《中国共产党纪律检查委员会工作条例》，一系列基础性关键性党内法规制定修订，形成比较完善的党内法规体系，"不能腐"的防范机制和预防作用充分彰显，新时代制度治党进入"快车道"。

党的力量来自组织。习近平总书记深刻指出，党的全面领导、党的全部工作要靠党的坚强组织体系去实现。

不断健全组织体系，让党的各级组织上下贯通、执行有力，确保党的领导"如身使臂、如臂使指"；

始终坚持大抓基层的鲜明导向，有效实现党的组织和工作全覆盖，让党的基层党组织在贯彻落实党中央决策部署中更好发挥领导作用；

着力锻造忠诚干净担当的高素质干部队伍，坚持把政治标准放在首位，紧盯"关键少数"，确保选出的干部政治上站得稳、靠得住、能放心；

坚持严管和厚爱结合、激励和约束并重，营造积极健康、干事创业的政治生态和良好环境，更好激发广大党员、干部的积极性、主动性、创造性；

党的群众路线教育实践活动、"三严三实"专题教育、"两学一做"学习教育、"不忘初心、牢记使命"主题教育、党史学习教育、学习贯彻习近平新时代中国特色社会主义思想主题教育、党纪学习教育……接续开展的党内集中教育和经常性教育，为广大党员干部补钙壮骨；

……

筑牢制度"堤坝"、强化组织保障、筑牢思想根基……党的自我革命在全面深化改革推动下环环相扣、层层递进，不断在革故鼎新、守正创新中实现党的自我净化、自我完善、自我革新、自我提高。

权力运行制约和监督体系不断强化，党统一领导、全面覆盖、权威高效的监督体系日益健全

2023 年 11 月 30 日，中央纪委国家监委网站发布消息：截至 11 月中旬，全国 31 个省（区、市）和新疆生产建设兵团市县一级监察官等级首次确定工作全面完成。

这一工作的完成，标志着自 2022 年起推进的全国监察官等级首次确定工作圆满收官，国家监察体制改革迈出重要一步。

从十三届全国人大一次会议通过宪法修正案，确立监委宪法地位，我国反腐败领域的基础性法律《中华人民共和国监察法》通过施行，到中华人民共和国国家监察委员会挂牌成立，国家和省、市、县四级监察委员会组建完成，再到监察官法、监察法实施条例等法律法规制定出台……

党的十八届三中全会以来，国家监察体制改革深入推进，对公权力和公职人员监督的全覆盖、有效性显著增强，改革形成的制度优势正逐步转化为治理效能。

监督在管党治党、治国理政中居于重要地位。习近平总书记深刻指出，我们党全面领导、长期执政，面临的最大挑战是对权力的监督。

以纪律检查体制改革出招破局、统领牵引；以国家监察体制改革创制突破、提升效能；以纪检监察机构改革配套保障、协同推动……党的十八届三中全会以来，纪检监察"三项改革"有机融合、一体推进，党对反腐败工作的集中统一领导全面加强，体制机制"四梁八柱"基本确立，为强化对权力的监督和制约提供有力支撑。

2017 年 8 月 30 日，十八届中央巡视圆满收官，标志着党的历史上首次实现一届任期内中央巡视全覆盖。

全覆盖，体现了动真碰硬的态度，更体现了制度治党的智慧。每轮巡视结束，习近平总书记都详细审阅巡视报告，对巡视中发现的问题作出评判，推动巡视工作不断深化。

从十八届中央巡视探索开展专项巡视、试点开展"机动式"巡视；到十九届中央巡视紧盯"一把手"和关键少数、紧盯人民群众反映强烈的突出问题；到二十届中央巡视再出发，首轮即统筹安排常规巡视、机动巡视和"回头看"同向发力、"三箭齐发"，巡视工作震慑力、穿透力不断增强。

与此同时，持续加强巡视整改和成果运用，健全整改工作机制，推动党委（党组）落实整改主体责任，把巡视整改与贯彻落实党的二十大精神、推进改革发展结合起来，增强以巡促改、以巡促建、以巡促治实效……

数据显示，2023 年省、市、县三级共巡视巡察 23.1 万个党组织，182 家中央单位对 2.7 万个党组织开展内部巡视巡察，巡视巡察上下联动进一步深化。

从加强纪律监督、监察监督、派驻监督、巡视监督统筹衔接，到在党内监督主导下，做实专责监督、贯通各类监督；

从推进纪检监察工作双重领导体制具体化、程序化、制度化，加强上级纪委监委对下级纪委监委的领导，到持续深化派驻机构改革，强化派出机关对派驻机构直接领导、统一管理；

从健全"组组"协同监督、"室组"联动监督、"室组地"联合办案机制，到完善系统集成、协同高效的工作机制，构建纪检监察法规制度体系；

……

党的十八届三中全会以来，监督制度改革持续深化，制度的严肃性和权威性显著增强，靠制度管权、管事、管人的长效机制进一步形成，各项监督更加规范、更加有力、更加有效。

"坚持用改革精神管党治党"——

日前召开的中共中央政治局会议，对新征程上加强党的建设提出新要求。

无论是政治建设、思想建设、组织建设，还是作风建设、制度建设、纪律建设，亦或是继续推进反腐败斗争，都要把改革精神鲜明贯穿其中，不断提升制度化、规范化、科学化水平，使全面从严治党各项工作更好体现时代性、把握规律性、富于创造性，推动党的制度优势更好转化为治国理政的实际效能。

开新局于伟大的社会革命，强体魄于伟大的自我革命。

在以习近平同志为核心的党中央坚强领导下，党的建设制度改革积极稳妥、扎实深入，不断增强党的创造力、凝聚力、战斗力，为全面深化改革和推进强国建设、民族复兴伟业提供坚强政治保证。

（新华社记者：孙少龙、王子铭、周闻韬）

风正好扬万里帆

——党的二十大以来以习近平同志为核心的党中央贯彻执行中央八项规定、推进作风建设综述

八项规定，深刻改变中国。

2023 年年终岁末，中共中央政治局一连两天召开学习贯彻习近平新时代中国特色社会主义思想主题教育专题民主生活会。会议的一项重要议程，即是听取关于党的二十大以来中央政治局贯彻执行中央八项规定情况的报告。

党的二十大以来，以习近平同志为核心的党中央时刻保持解决大党独有难题的清醒和坚定，坚持不懈推进中央八项规定精神贯彻落实，驰而不息推进党的作风建设，推动百年大党在自我革命中不断焕发蓬勃生机，团结带领全国人民奋进强国建设、民族复兴新征程。

不松劲、不停步，把贯彻落实中央八项规定精神一抓到底

2022 年 10 月 27 日，党的二十大闭幕不到一周，习近平总书记带领新当选的二十届中共中央政治局常委来到延安，瞻仰革命圣地。

在延安革命纪念馆，总书记在"延安时期的十个没有"展板前久久驻足。展板之上，列首位的正是"没有贪官污吏"。

"当年毛泽东同志等老一辈革命家在延安，住窑洞、吃粗粮、穿布衣，用'延安作风'打败了'西安作风'。"习近平总书记强调，

"全党同志要把老一辈革命家和共产党人留下的光荣传统和优良作风传承好发扬好,勇于推进党的自我革命,坚定不移推进全面从严治党,始终保持党的先进性和纯洁性,确保党始终成为中国特色社会主义事业的坚强领导核心。"

踏上新征程,展现新风貌。

几个月后,一场新时代中国共产党人的"新的学习竞赛"——学习贯彻习近平新时代中国特色社会主义思想主题教育,在全党深入展开。

2023年3月30日召开的中共中央政治局会议,明确了此次主题教育具体要达到的5个方面目标,其中之一,正是"廉洁奉公树立新风"。

党的作风和形象关系党的创造力、凝聚力、战斗力,决定党和国家事业成败。党的二十大以来,习近平总书记高度重视、亲自谋划新征程上党的作风建设,一以贯之把作风建设向纵深推进——

党的二十大闭幕仅3天,主持召开中央政治局会议,重要议程之一就是审议《中共中央政治局贯彻落实中央八项规定实施细则》;

从党的二十届一中、二中全会,到中央经济工作会议、中央纪委全会,再到学习贯彻习近平新时代中国特色社会主义思想主题教育工作会议等重要场合,都对持之以恒抓好党的作风建设、贯彻落实中央八项规定精神提出新要求;

主持召开的中央政治局常委会会议、中央政治局会议,有多个议题涉及作风建设;

针对党风廉政建设、树立和践行正确政绩观、反对形式主义官僚主义、改进调查研究、推广"四下基层"、查处违规聚餐饮酒等作出一系列重要批示;

在关于政法工作、党的建设和组织工作、新时代办公厅工作、宣传思想文化工作等的重要指示中,就作风建设提出要求……

作风建设无小事。党的二十大以来,习近平总书记就持之以恒贯彻落实中央八项规定精神、深化作风建设作出一系列重要论述，进一步深化了对作风建设的规律性认识，为持续加固中央八项规定堤坝、推动作风建设常态化长效化指明了前进方向、提供了根本遵循——

对中央政治局提出明确要求，强调"中央政治局同志要对照新修订的中央八项规定实施细则，一条一条严格对标对表，不折不扣抓好贯彻落实，重点纠治形式主义、官僚主义顽疾，带头弘扬党的优良作风。"

谈作风建设重点任务，强调"要把纠治形式主义、官僚主义摆在更加突出位置，作为作风建设的重点任务，研究针对性举措，科学精准靶向整治，动真碰硬、务求实效。"

谈加强新时代廉洁文化建设，强调要"深入开展党性党风党纪教育，传承党的光荣传统和优良作风，激发共产党员崇高理想追求，把以权谋私、贪污腐败看成是极大的耻辱。"

谈党校工作，强调"各级党校要敢抓敢管、严抓严管，让学员一进党校就感受到学习之风、朴素之风、清朗之风。"

……

党和人民事业发展到什么阶段，党的作风建设就要推进到什么阶段。风险越大、挑战越多、任务越重，越要加强党的作风建设，以好的作风振奋精神、激发斗志、树立形象、赢得民心。

激浊扬清、久久为功。在以习近平同志为核心的党中央坚强领导下，全党上下锲而不舍贯彻落实中央八项规定精神，不断把作风建设引向深入，一个充满活力的马克思主义政党正以优良的作风形象、饱满的精神状态奋进新征程、建功新时代。

立标杆、作表率，为全党树立光辉榜样

2023 年 4 月，学习贯彻习近平新时代中国特色社会主义思想主题教育启动后，习近平总书记来到广东考察调研。

4 天时间、辗转千里，从琼州海峡之畔到珠江之滨，自西向东穿行粤西大地，习近平总书记不辞辛劳，为的是多看一看当地的发展变化，了解掌握更多实际情况。

"很亲切、很和蔼""问得很细致、很具体""没想到总书记对海洋渔业这么了解"……这是基层群众见到习近平总书记的真切感受。

到浙江考察，走进商贸市场同商户、小企业主代表亲切交流；到江西考察，走访直升机生产企业，亲自登上直升机，了解技术研发成果……深入基层、深入一线，始终是习近平总书记地方考察调研的鲜明导向。

以行动作号令，以身教作榜样。

党的二十大以来，习近平总书记 18 次进行国内考察调研，从革命圣地到改革前沿，从西北边疆到长三角区域，总书记行程密集、步履不停，足迹遍及 16 个省份。

2023 年 9 月 7 日，习近平总书记来到受洪涝灾害较重的黑龙江省尚志市老街基乡龙王庙村，看望慰问受灾群众，了解灾后恢复重建进展。从东北谈到华北，习近平总书记说："我牵挂着受灾的地方。那些地方我之后也会去看。"

2023 年 11 月 10 日，北方入冬之际，习近平总书记专程来到受灾较重的北京门头沟区、河北保定涿州市，看望慰问受灾群众，检查指导灾后恢复重建工作。

冒着严寒而往，沐着夜色而归。一天时间，乘汽车、换火车，行程横跨京冀两地，足迹覆盖农村、社区、学校、市政设施、水利工程，访居民、见师生、看商铺，入农户、进麦田、上大堤……

"一路走下来，听到了看到了，我心里感到踏实，也是欣慰的，恢复重建工作都在按照计划进行。"

人民群众，始终是习近平总书记最深情的牵挂。

2023 年春节前夕，同 6 个省市基层干部群众视频连线进行看望慰问，与群众拉家常、为群众解难题；

在内蒙古考察调研时正值高考，亲自叮嘱"考生优先"，必要时可调整行车线路；

在上海考察调研时，专门到保障性租赁住房看望新市民，仔细了解生活状况；

……

一言一行，体现带头贯彻执行中央八项规定的鲜明态度；点滴之间，彰显共产党人执政为民的深厚情怀。

2023年金秋时节，习近平主席同来自五洲四海的新老朋友相聚北京，共同出席第三届"一带一路"国际合作高峰论坛。

除出席高峰论坛开幕式并发表主旨演讲、举行欢迎宴会外，从2023年10月17日到20日，习近平主席安排了7个半天的时间，同与会的所有外方领导人分别会谈会见，常常从清晨忘我工作到深夜……

党的二十大以来，习近平总书记出国访问6次25天，到访7个国家，主持4次主场外交，严格执行外事规定，精简随行人员，简化迎送接待，展现出以上率下的务实担当、崇高风范。

李强、赵乐际、王沪宁、蔡奇、丁薛祥、李希同志和中央政治局其他同志认真贯彻落实习近平总书记重要指示要求，严格执行中央八项规定，切实抓好分管领域、部门和所在地方的贯彻落实。

在改进调查研究方面，中央政治局同志围绕全面贯彻党的二十大精神，就推进中国式现代化等重大问题赴地方考察调研。调研中坚持扑下身子、沉到一线，注重通过"四不两直"等方式了解真实情况，力戒形式主义、官僚主义。

在精简会议活动方面，严格控制全国性会议活动数量、规模、会期，优化党中央决策议事协调机构会议组织安排。严格审批越级开会、赴外地开会，采用视频方式召开会议、举办活动日益成为常态。

在精简文件简报方面，坚持"短实新"文风，细化中央文件篇幅字数标准。除党中央统一安排和批准外，中央政治局同志个人没有公开出版著作、讲话单行本以及发贺信、贺电、题词、题字、作序等情况。

在规范出访活动方面，合理统筹出访安排，严格执行出访天数、团组规模、住宿餐饮等方面要求；严格按照规定乘坐交通工具。

在改进新闻报道方面，对篇幅字数、版面安排、时段时长等进一步严格把关。精简全国性会议活动新闻报道。

在改进警卫工作方面，科学部署力量，减少交通管制，减少对群众生产生活的影响。

在厉行勤俭节约方面，坚决落实"过紧日子"要求，进一步压减中央本级"三公"经费预算，严禁地方违规建设楼堂馆所、借债搞"形象工程"。

以身教者从。以习近平同志为核心的党中央认真贯彻执行中央八项规定及其实施细则，不打折扣、不做变通，以实际行动为全党树起标杆、作出示范。

新征程、再出发，推动作风建设向纵深发展

2023年中秋、国庆节前夕，中央纪委国家监委公开通报7起违反中央八项规定精神典型问题，再次释放紧盯关键时间节点、严抓作风问题的鲜明信号。

作风建设永远在路上，永远没有休止符。

党的二十大以来，各地区各部门深入学习贯彻习近平新时代中国特色社会主义思想和党的二十大精神，深刻把握作风建设新形势新任务新要求，持续深化落实中央八项规定精神，科学精准整治作风顽疾，持续激发党员、干部干事创业动力，以作风建设新成效为奋进新征程保驾护航。

凝心铸魂，筑牢作风建设思想政治根基——

"通过集中教育推动全党以自我革命精神解决党风方面的突出问题，是一条重要历史经验。"

2023 年 6 月，习近平总书记在内蒙古考察调研时，就抓实以学正风提出明确要求，为广大党员、干部以过硬作风、扎实举措推动主题教育取得实效指明方向。

党的作风是党的形象，是观察党群干群关系、人心向背的晴雨表。

各地区各部门全面系统深入学习习近平新时代中国特色社会主义思想，在主题教育中采取各种形式，引导广大党员、干部以党的创新理论凝心铸魂，通过深入的检视剖析整改，涤荡思想之尘、作风之弊、行为之垢，将政治标准和政治要求贯穿作风建设始终，着力营造风清气正的政治生态。

突出重点，以钉钉子精神纠治"四风"顽疾——

"查处违反中央八项规定精神问题 11860 起，批评教育和处理 16728 人，给予党纪政务处分 11870 人……"2024 年元旦前，中央纪委国家监委网站公布 2023 年 11 月全国查处违反中央八项规定精神问题情况月报数据。这已是该数据连续公布的第 123 个月。

从把纠治形式主义、官僚主义摆在更加突出位置，对搞"半拉子工程""面子工程"以及不担当不作为乱作为等开展专项整治，对粮食购销、耕地保护等领域不正之风强化监督执纪，到针对享乐主义、奢靡之风突出问题加大纠治力度，严肃查处并通报多地领导干部违规聚餐饮酒问题，对办公用房超标问题紧盯不放……

各地区各部门坚持严的基调不动摇，紧盯普遍发生、反复出现的作风顽疾，紧盯问题突出、工作薄弱的领域和地区，靶向发力、重点突破，推动作风建设抓紧抓实、抓出成效。

标本兼治，不断提升作风建设治理效能——

"我们将紧盯领导干部这个'关键少数'，紧盯违规吃喝、违规收送礼品礼金、违规发放津贴补贴或福利等节日多发问题，深挖背后的利益交换、请托办事等风腐一体问题，从严从重查处违规违纪行为……"

2023年端午节前，黑龙江省纪委监委向全省党员干部和公职人员发出廉洁过节提醒，敲响警惕"由风及腐""由风变腐"的警钟。

各地区各部门坚持党性党风党纪一起抓，健全风腐同查机制，坚决纠治不正之风背后的腐败问题，深挖细查腐败案件背后的不正之风。

从针对餐饮浪费和"三公"经费支出等方面存在的问题开展联动联查；到严查酒驾醉驾背后的"四风"问题，曝光典型案例；再到推进监督综合信息平台建设，完善"惩、治、防"工作链条，形成治理合力……

在严查"四风"问题的同时，各地区各部门结合干部队伍教育整顿开展光荣传统和优良作风教育、年轻干部纪律作风教育、警示教育，着力培育新时代廉洁文化，以优良党风政风带动社风民风向上向好，推动移风易俗，不断铲除作风问题滋生土壤。

担当作为，以好作风好形象推动形成狠抓落实的良好局面——

"多亏了你们，现在灌溉土地的费用降低了，还不到原来价格的一半。"2023年12月，在山东济宁市嘉祥县杨楼村，种粮大户高克国高兴地说。

记者了解到，针对村民反映的村里灌溉水费过高的问题，嘉祥县纪委监委开展村集体"三资"专项整治，狠刹漠视侵害群众利益的不正之风，助力乡村振兴提质增效。

一分部署，九分落实。

各地区各部门围绕贯彻落实党的二十大作出的战略部署，采取一系列提升能力、改进作风、强化担当的具体举措，激励广大党员、干部锚定目标真抓实干，解决实际问题、办好民生实事，形成了狠抓落实的良好局面。

作风建设成效如何，人民群众最有发言权。

2023 年年底国家统计局社情民意电话调查结果显示，95.7% 的受访群众对中央八项规定精神贯彻落实情况总体成效表示肯定。

风清则气正，气正则心齐，心齐则事成。

2024 年是新中国成立 75 周年，是实现"十四五"规划目标任务的关键一年，推进中国式现代化建设任务艰巨，前景壮阔。

在以习近平同志为核心的党中央坚强领导下，全党上下抓铁有痕、踏石留印，不断将作风建设引向深入，定能以优良作风凝聚起 14 亿多人民团结一心的磅礴力量，把强国建设、民族复兴伟业不断推向前进！

（新华社记者：孙少龙、王鹏、范思翔）

要留清气满乾坤

——2024年以习近平同志为核心的党中央贯彻执行中央八项规定、推进作风建设综述

"带头严格遵守党的纪律和规矩，带头弘扬党的优良传统和作风""坚决同各种不正之风和腐败现象作斗争"……

2024年岁末，北京中南海，一年一度的党内最高层级民主生活会在此召开。会议的一项重要议程，就是听取关于2024年中央政治局贯彻执行中央八项规定情况的报告。

2024年是中华人民共和国成立75周年，是实现"十四五"规划目标任务的关键一年。

一年来，以习近平同志为核心的党中央以马不离鞍、缰不松手的定力，以反复抓、抓反复的韧劲，以钉钉子精神推进中央八项规定精神贯彻落实，驰而不息加强党的作风建设，为以中国式现代化全面推进强国建设、民族复兴伟业提供了坚强作风保障。

动真碰硬　坚持党性党风党纪一起抓

2024年1月1日，修订后的《中国共产党纪律处分条例》正式施行。这是党的十八大以来，党中央对该条例的第三次修订，再次释放出以严明纪律管全党治全党的鲜明信号。

几天后，二十届中央纪委三次全会上，习近平总书记深刻指出："深

这是《中国共产党纪律处分条例》单行本（2024年12月27日摄）。新华社记者 李贺 摄

入开展党性党风党纪教育，传承党的光荣传统和优良作风"。

2024年4月，党的历史上首次以党纪为主题在全党开展的集中性教育——党纪学习教育启动。深入学习贯彻习近平总书记关于全面加强党的纪律建设的重要论述，原原本本、逐章逐条学习新修订的《中国共产党纪律处分条例》，各地区各部门以此为契机，引导党员、干部把增强党性、严守纪律、砥砺作风贯通起来，融入日常、化为习惯。

党的作风，就是党的形象。作风建设，既是攻坚战，也是攻心战、持久战。一年来，习近平总书记高度重视加强党的作风建设，推动作风建设不松劲、不止步、再出发——

在党的二十届三中全会、二十届中央纪委三次全会等场合发表重要讲话，对持之以恒抓好党的作风建设、贯彻落实中央八项规定精神提出新要求；

主持召开的中央政治局常委会会议、中央政治局会议，有多个议题涉及作风建设；

针对党风廉政建设、树立和践行正确政绩观、反对形式主义官僚主义等作出重要批示；

在关于推动机关党建高质量发展、巩固深化党纪学习教育成果等重要指示中就作风建设提出明确要求……

一年来，习近平总书记就持之以恒贯彻落实中央八项规定精神、深化作风建设作出一系列重要论述，为持续加固中央八项规定堤坝、推动作风建设常态化长效化指明了前进方向——

突出以上率下，强调"中央政治局的同志要带好头、当表率，严于律己、严负其责、严管所辖"；

阐明科学路径，强调"要坚持党性党风党纪一起抓，完善作风建设常态化长效化制度机制""以优良党风凝聚人心、引领社会风气""完善一体推进不敢腐、不能腐、不想腐工作机制，以风清气正的政治生态引领形成正气充盈的社会生态"；

彰显人民立场，强调"一切国家机关和国家工作人员必须牢固树立人民公仆意识，把人民放在心中最高位置，倾听人民群众意见和建议，保持同人民群众的密切联系"……

好作风，就是创造力、凝聚力、战斗力。

面对艰巨繁重的改革发展稳定任务，党员干部饱满的精神状态、过硬的工作作风，是攻坚克难的重要保障。

"进一步全面深化改革涉及范围广、触及利益深、攻坚难度大，对各级党组织正确判断形势、科学谋划改革、广泛凝聚力量、推动改革落实，对广大党员、干部精神状态、思想观念、素质能力、作风形象提出了新的更高要求"。

党的二十届三中全会第二次全体会议上，习近平总书记强调，必须保持以党的自我革命引领社会革命的高度自觉，坚持用改革精神和严的标准管党治党，不断提高党的领导水平。

风清则气正，气正则心齐，心齐则事成。

在以习近平同志为核心的党中央坚强领导下，新时代中国共产党人正以优良作风振奋精神、激发斗志，把中国式现代化这一前无古人的伟大事业不断推向前进。

以上率下　彰显共产党人鲜明政治本色

2024年2月1日，北方小年前一天，习近平总书记来到天津市遭

天津市西青区辛口镇第六埠村村民在院子里挂"福"字（2024年2月1日摄）。新华社记者 赵子硕 摄

受洪涝灾害地区走访慰问受灾群众，汽车沿着冰封的子牙河，驶入西青区第六埠村。

"还有什么需要党和政府关心帮扶的事？""老百姓的事情是最重要的事情，一定要办好。"总书记同村民一笔一笔算灾情损失和灾后生产发展、就业增收账。

这一年，习近平总书记深入基层、深入一线，足迹遍布大江南北，身影总在人民之中。

考察重庆市九龙坡区谢家湾街道民主村社区，强调"中国式现代化，民生为大"；来到青海省西宁市，第一站走进果洛西宁民族中学，叮嘱"让孩子们吃得营养健康"；在甘肃省天水市花牛苹果基地，听取甘肃引洮供水工程情况汇报，指出"要多抓这样造福人民的工程"……

青海果洛西宁民族中学的学生在打篮球（2024年6月18日摄）。新华社记者
张龙 摄

扎根人民，汲取智慧。

"党中央作出重大决策、制定重要文件，都深入调研，广泛听取
各方面意见，这是我们党的一贯做法和优良传统。"2024年5月23
日下午，习近平总书记在山东省济南市主持召开企业和专家座谈会，
就如何擘画进一步全面深化改革的宏伟蓝图听取意见，作出战略指引。

赴地方考察调研，为因地制宜发展新质生产力把脉定向；围绕新
时代推动中部地区崛起、西部大开发以及全面推动黄河流域生态保护
和高质量发展等召开座谈会，为重大战略落实指明路径；到城乡社区
调研，现场对持续深化为基层减负工作给予精准指导……

重视调研、深入调研，习近平总书记以"调研开路"，寻求规律、
把握全局、解决问题。

对有关方案严格把关，一再要求到地方考察少扰民，考察点减少
现场检查，严格杜绝装修布置、增添设备、改变环境等；

考察调研控制随行工作人员数量，按规定缴纳差旅费用；

出访活动中严格执行外事规定；

......

轻车简从、勤俭节约，以身作则、率先垂范，习近平总书记严格执行中央八项规定，带动全党上下坚定以优良作风奋进新时代新征程的信心决心。

李强、赵乐际、王沪宁、蔡奇、丁薛祥、李希同志和中央政治局其他同志认真贯彻习近平总书记关于作风建设的重要指示要求，严于律己、身体力行，严格落实中央八项规定。

在改进调查研究方面，中央政治局同志围绕加快发展新质生产力、科技创新和产业发展等进行考察调研，有的放矢、直面问题，注重以改革创新精神研究提出解决问题的新思路新举措。

在精简会议活动方面，注重从源头控制重大会议活动总量，能合并召开的合并召开，对非必要的临时性会议、赴京外开会严格把关。严控中央会议活动会期、规模、规格。杜绝层层陪会、减少全程参会。

在精简文件简报方面，推动中央法规文件改进文风，落实"短实新"要求，避免超规格发文，把好为基层减负关。

在规范出访活动方面，严格执行出访天数、团组规模、住宿餐饮等方面要求；按照规定乘坐交通工具，在外乘车一切从简。

在改进新闻报道方面，对报道的主题主线、刊播时间、篇幅时长严格把关，进一步突出新闻价值、社会效果。

在改进警卫工作方面，坚持有利于联系群众的原则，减少交通管制。

在厉行勤俭节约方面，坚决落实党政机关"习惯过紧日子"要求，进一步压减中央本级"三公"经费预算。

一年来，以习近平同志为核心的党中央认真贯彻执行中央八项规定及其实施细则，不打折扣、不做变通，以实际行动为全党树标杆、作表率。

筑牢堤坝 以优良作风奋进新征程

2025 年元旦假期来临前，中央纪委国家监委公开通报 7 起违反中央八项规定精神典型问题。通报点名道姓、直指病灶，起到了极强震慑作用。

作风建设，只有进行时，没有完成时。

一年来，各地区各部门深入学习贯彻习近平总书记关于党的自我革命的重要思想，切实增强贯彻落实中央八项规定精神的坚定性，狠抓作风建设，持续筑牢中央八项规定堤坝，以优良作风为奋进新征程保驾护航。

筑牢根基，以自觉从严的党纪约束确保优良作风一以贯之——

舞台之上，青年学子手持白莲翩跹起舞，移步换景间，以莲蕴"廉"，

参观者在苏州市吴江区平望镇廉洁教育基地莺湖廉园内参观（2024 年 7 月 4 日摄）。新华社记者 李博 摄

以莲颂"廉"……

2024年12月12日下午，在中国传媒大学举行的2024年北京高校廉洁文化建设成果展演上，原创舞剧《莲》给观众留下了深刻印象。近2个小时的展演中，多所高校师生以戏曲、话剧、朗诵、思政微课堂等形式，献上了一场"廉"声嘹亮的视听盛宴。

这是各地区各部门推进党纪学习教育常态化长效化，以多种形式推动纪律教育、廉洁文化入脑入心的一个缩影。

从坚持经常性教育和集中性教育相结合，把纪律教育融入党员、干部日常教育管理监督；到聚焦违反中央八项规定精神问题深入查找权力运行风险点、监督管理空白点，制定防范举措；再到深入开展警示教育，引导党员、干部对照典型案例自检自省自律……

各地区各部门总结运用党纪学习教育好经验好做法，坚持融入日常、抓在经常，把增强党性、严守纪律、砥砺作风贯通起来，推动党纪学习教育成果持续转化为推动高质量发展的强大动力。

突出重点，聚焦群众反映强烈的突出问题纠治"四风"顽疾——

"以前孩子不愿意在学校吃饭，现在校园餐品种多、味道好，孩子主动要求在学校吃饭。"这是河南省潢川县实验中学一位家长的真实感受。

潢川县纪委监委紧盯"校园餐"违纪违法问题严肃查处，同时还以点带面对全县154所学校逐个排查，发现并督促整改相关问题，取得了显著成效。

过去一年间，各地区各部门深入开展群众身边不正之风和腐败问题集中整治，围绕中小学"校园餐"、农村集体"三资"管理、医药领域腐败等开展专项整治，推动解决群众急难愁盼问题。

与此同时，各地区各部门采取有力措施纠治形式隐蔽、巧立名目的"新形象工程"问题，整治违规吃喝问题，遏制铺张浪费、沉迷"带彩"打牌等不良现象。

福州市委巡察机构对全市法院系统开展提级联动交叉巡察。在永泰县驻地，巡察组工作人员查看财务凭证（2024 年 5 月 21 日摄）。新华社记者 林善传 摄

数据显示，2024 年 1 月至 12 月，全国共查处违反中央八项规定精神问题 22.5 万余起，以强力震慑狠刹歪风邪气。

建章立制，全方位扎紧制度笼子，把严格制度执行转化为作风建设成效——

省委办公厅印发《云南省党政机关国内公务接待管理办法》，提出公务接待规范，加强对公务接待行为监督；各地纪委监委压实各单位主体责任，督促严格执行机关培训费管理办法……

在云南，各相关部门针对各种制度漏洞、监管盲区，积极推动建章立制，不断健全完善作风建设长效机制。

一年来，各地区各部门认真落实《关于中央和国家机关部门党组（党委）落实机关党建主体责任的意见》《党政机关国内公务接待管理规定》等，进一步规范管理、压实责任。

中央和国家机关所属事业单位办公用房管理相关制度制定出台，中央企业业务招待信息公开、公务接待统一公函等制度建立完善，中管金融企业进一步贯彻落实中央八项规定精神举措更加细化……

一项项制度环环相扣、一条条规章落细落实，坚持纠树并举、标本兼治，各地区各部门以制度建设不断推进作风建设常态化长效化，提升作风建设治理效能，让求真务实、清正廉洁的新风正气不断充盈。

"八项规定改变中国！"这是人民群众发自内心的赞誉。

2024年国家统计局调查显示，94.9%的受访群众对中央八项规定精神贯彻落实成效表示肯定。八项规定这张"金色名片"，越擦越亮。

2025年是"十四五"规划收官之年，应对艰巨繁重的改革发展任务，必须以优良作风提供坚实保障。

在以习近平同志为核心的党中央坚强领导下，全党上下惕厉自省、慎终如始，驰而不息将作风建设引向深入，必将为以中国式现代化全面推进强国建设、民族复兴伟业注入源源不断的强大力量！

（新华社记者：孙少龙、丁小溪、张研）

学习总书记重要论述，推进作风建设走深走实

深入贯彻中央八项规定精神学习教育正在全党开展。这释放出作风建设只有进行时、没有完成时的强烈信号。

定格的瞬间，蕴含着珍贵的启示。习近平总书记在考察调研期间，常常停下脚步，一次又一次将目光聚焦到作风建设上。让我们深刻学习领悟总书记重要论述，锲而不舍落实中央八项规定精神，推进作风建设走深走实。

一

2024年11月，习近平总书记在湖北考察。在咸宁市嘉鱼县潘家湾镇四邑村党群服务中心，墙上张贴的《服务群众事项清单》，吸引了总书记的目光。

"过去更多的是要求群众去做事，现在更多的是党员干部给群众办事、做服务，这是一个根本的变化。"习近平总书记说，"要持续为基层减负，让基层干部能够用更多时间和精力来服务群众。"

为基层减负成效好不好，基层干部最有发言权。"要开的证明少了，对接上级部门的权责更清晰了，让我们有更多时间、精力走村串户，为群众服务。"四邑村驻村第一书记说。

二

2024年3月，习近平总书记来到湖南省常德市鼎城区谢家铺镇港中坪村考察调研。

在港中坪村党群服务中心院子里，村党支部书记段德喜向总书记汇报了切身感受到的变化："我们村部最多的时候有 38 块牌子，现在只有 12 块了。"

段德喜告诉总书记，现在需要村里开的证明少了，原来最多的时候有 20 多项，包括死亡证明、出生证明等，现在多数都不用了，职能部门交办的事也少了。村干部手机上的微信工作群也从最多时的 30 多个减为现在的 4 个。大家有更多时间和精力为老百姓服务了。

总书记点头肯定。他指出，党中央明确要求为基层减负，要坚决整治形式主义、官僚主义问题，精兵简政，持之以恒把这项工作抓下去。

今年，在谢家铺镇港中坪村，村党群服务中心的牌子又减少了，只剩下 10 块。

三

2022 年 10 月，党的二十大闭幕不到一周，习近平总书记带领新当选的二十届中共中央政治局常委来到延安，瞻仰革命圣地。

在延安革命纪念馆，总书记在"延安时期的十个没有"展板前久久驻足。展板上写着："一没有贪官污吏；二没有土豪劣绅；三没有赌博……"

"当年毛泽东同志等老一辈革命家在延安，住窑洞、吃粗粮、穿布衣，用'延安作风'打败了'西安作风'。"习近平总书记强调，"全党同志要把老一辈革命家和共产党人留下的光荣传统和优良作风传承好发扬好，勇于推进党的自我革命，坚定不移推进全面从严治党，始终保持党的先进性和纯洁性，确保党始终成为中国特色社会主义事业的坚强领导核心。"

四

2022 年 8 月，习近平总书记来到辽沈战役纪念馆。馆内悬挂着一面"仁义之师"锦旗。辽沈战役期间,锦州乡间的苹果已经熟了,行军路过的解放军战士虽然饥渴难耐,却一个都没有摘。

"毛主席说'不吃是很高尚的,而吃了是很卑鄙的,因为这是人民的苹果'。这样的苹果,我们现在也不能吃。"总书记的话语意味深长。

五

2014年3月,习近平总书记来到河南兰考焦裕禄同志纪念馆。在看到焦裕禄提出的"干部十不准"时,总书记十分认真地逐字逐句阅读。

不准用国家的或集体的粮款或其他物资大吃大喝,请客送礼;一律不准送戏票,十排以前戏票不能光卖给机关或几个机关经常包完;一律不准到商业部门、合作社部门要特殊照顾……

总书记仔细观看修改痕迹明显的"十不准"底稿,认真听取讲解,并对随行人员说,中央在制定"八项规定"时,曾受到"十不准"的启发。

兰考是焦裕禄精神发祥地。从1962年12月到1964年5月,焦裕禄在兰考工作了470多天,依靠群众、团结群众战风沙,斗"三害",开创了工程治理和生态治理相结合的路子。

总书记说,虽然焦裕禄离开我们50年了,但焦裕禄精神是永恒的。焦裕禄精神和井冈山精神、延安精神一样,体现了共产党人精神和党的宗旨,要大力弘扬。

遇到前来参观学习的党员、干部,总书记说:"我们来是同一个目的,我也是来学习的。"

六

2013年7月,习近平总书记来到西柏坡。纪念馆内,总书记在一块展板前站了很久,一条一条对照:"不做寿,这条做到了;不送礼,这个还有问题,所以反'四风'要解决这个问题;少敬酒,现在公款吃喝得到遏制,关键是要坚持下去;少拍掌,我们也提倡;不以人名

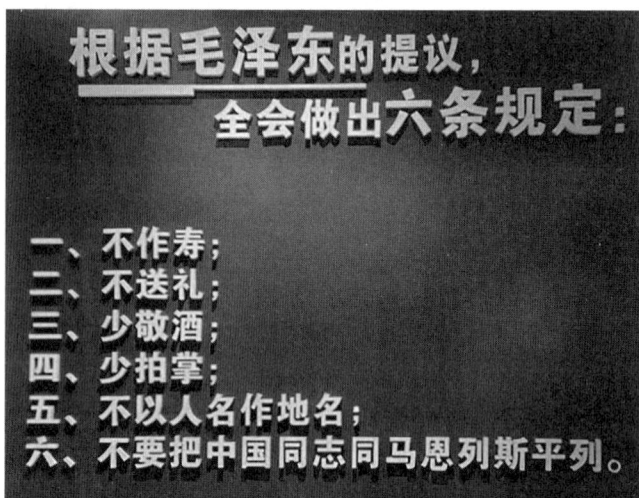

根据毛泽东的提议，
全会做出六条规定：

一、不作寿；
二、不送礼；
三、少敬酒；
四、少拍掌；
五、不以人名作地名；
六、不要把中国同志同马恩列斯平列。

这是西柏坡纪念馆内的"六条规定"展板。

命名地名，这一条坚持下来了；第六条，我们党对此有清醒的认识……"

1949年3月，决定中国命运的三大战役硝烟刚刚散尽，中共中央离开中国革命最后一个农村指挥所西柏坡，进京之前专门制定"六条规定"。

当年党中央离开西柏坡时，毛泽东同志说是"进京赶考"。习近平总书记也反复提到"赶考"一词，饱含忧患地说："中国人民站起来了，富起来了，但我们面临的挑战和问题依然严峻复杂，应该说，党面临的'赶考'远未结束。"

党的作风关系党的形象，关系人心向背，关系党的生死存亡。总书记驻足的这些地方，体现着我们党对作风建设的高度重视。

实践证明，只要真管真严、敢管敢严，党风建设就没有什么解决不了的问题。十多年驰而不息，"八项规定改变中国"成为越来越多人发自内心的感慨。

（新华社记者：金佳绪、刘淼、潘子荻）

评论篇

以优良作风凝心聚力干事创业

　　"各级党组织要精心组织实施，推动党员、干部增强定力、养成习惯，以优良作风凝心聚力、干事创业"，"要把正风肃纪反腐贯通起来，引导广大党员、干部自觉遵规守纪、大胆干事创业"。习近平总书记近日在贵州、云南考察时，对在全党开展深入贯彻中央八项规定精神学习教育提出明确要求、指明着力方向。

　　推动高质量发展，必须毫不动摇坚持党的领导、加强党的建设，以高质量党建引领高质量发展。开展深入贯彻中央八项规定精神学习教育，是贯彻落实党的二十届三中全会部署、巩固深化主题教育成果和党纪学习教育成果、纵深推进全面从严治党的重要举措，是密切党群干群关系、巩固党的执政基础的必然要求，是推进中国式现代化的有力保障，也是今年党建工作的重点任务。习近平总书记高度重视，亲自谋划确定学习教育主题，发表重要讲话，作出重要指示，为开展好学习教育提供了根本遵循。各级党组织和广大党员、干部要充分认识这次学习教育的重要意义，自觉增强责任感紧迫感，切实把思想和行动统一到习近平总书记重要讲话精神和党中央决策部署上来，锲而不舍贯彻中央八项规定精神，推动党的作风持续向好，推动党中央各项决策部署落到实处，为推进中国式现代化贡献智慧和力量。

　　党的作风就是党的形象，关系人心向背，关系党的生死存亡。党的十八大以来，以习近平同志为核心的党中央从制定和落实中央八项规定开局破题，坚持自上而下、以上率下，解决了新形势下作风建设抓什么、怎么抓的问题。八项规定一子落地，作风建设满盘皆活。从坚持不懈推进中央八项规定精神贯彻落实，到以钉钉子精神坚决纠治形式主义、官僚主义、享乐主义和奢靡之风；从破除特权思想、特权行为，到整治群众身边的腐败和不正之风……经过持之以恒的革命性锻造，党风政风焕然一新，社风民风持续向好，我们党以作风建设新气象赢得了人民群众信任拥护。2024年国家统计局调查显示，94.9%的受访群众对中央八项规定精神贯彻落实成效表示肯定。新时代以来作风建设的实践充分证明，只要真管严管、敢管敢严，党风建设就没有解决不了的问题。

形成优良作风不可能一劳永逸，克服不良作风也不可能一蹴而就。抓作风建设只有进行时，没有完成时。必须清醒看到，作风问题具有顽固性、反复性，抓一抓会好转，松一松就会反弹，不能因为已经取得的成效而有任何喘口气、歇歇脚的念头。"逆水行舟用力撑，一篙松劲退千寻。"新征程上，必须发扬钉钉子精神，不断在常和长、严和实、深和细上下功夫，抓铁有痕、踏石留印、久久为功，将作风建设进行到底。

开展学习教育，要坚持聚焦主题、简约务实，不分批次、不划阶段，一体推进学查改，融入日常、抓在经常。要在学深悟透上下功夫，持续深化党的创新理论武装，深入学习领会习近平总书记关于加强党的作风建设的重要论述，学习领会和贯彻落实中央八项规定及其实施细则精神，系统总结党的十八大以来深入贯彻中央八项规定精神取得的成效和经验，运用由风及腐案例加强警示教育，不断锤炼党性、提高认识和思想觉悟，打牢思想政治基础。要在发现问题、解决问题上见真章，通过对标对表查摆，充分运用纪检监察、巡视巡察、审计监督、财会监督、督促检查、调查研究、信访反映等途径，全面深入查找落实中央八项规定及其实施细则精神方面存在的问题，扎实推进集中整治，坚持有什么问题就解决什么问题，什么问题突出就重点整治什么问题，坚持立查立改、即知即改，坚持党性党风党纪一起抓、正风肃纪反腐相贯通，有针对性完善相关制度规定，切实取得成效。

这次学习教育的一个重要特点就是坚持开门教育。要注重群众参与，自觉接受群众监督评判，确保学有质量、查有力度、改有成效，通过学习教育不断密切党群干群关系。各级领导干部要带头走好新时代党的群众路线，组织党员、干部立足岗位，在推动高质量发展、加强基层治理、完成急难险重任务中担当作为、服务群众，让群众可感可及，以作风建设新成效不断赢得人民群众信任拥护。

抓作风建设最重要的是讲认真。各级党委（党组）要对本地区本部门本单位学习教育负总责，党委（党组）主要负责同志要担负起第一责任人责任，紧密结合中心工作，精心组织实施，加强分类指导，力戒形式主义，坚决防止"两张皮"，推动学习教育有序有效开展。作风就是形象，作风就是力量。以开展深入贯彻中央八项规定精神学习教育为契机，进一步推进作风建设常态化长效化，纵深推进全面从严治党，必将把我们党锻造得更加坚强有力，为推动高质量发展、推进中国式现代化提供坚强政治保证。

在一体推进学查改上下功夫

"切实把作风硬要求变成硬措施、让铁规矩长出铁牙齿,确保学有质量、查有力度、改有成效"。习近平总书记近日在河南考察时对开展深入贯彻中央八项规定精神学习教育提出明确要求,强调要在一体推进学查改上下功夫,为推动学习教育走深走实、务求实效提供了科学方法、指明了努力方向。

中央八项规定是以习近平同志为核心的党中央徙木立信之举,是新时代管党治党的标志性措施。开展深入贯彻中央八项规定精神学习教育,是今年党建工作的重点任务。学习教育启动以来,各地各部门按照党中央要求和部署,推动学习教育有序有效开展。举行深入贯彻中央八项规定精神学习教育读书班,示范带动党员干部加强学习思考;开展"作风体检",切实把问题找准、把根源挖深;积极回应群众呼声,聚焦不担当不作为、推诿扯皮等突出问题开展整治……实践告诉我们,开展好学习教育,必须在一体推进学查改上下功夫,把党员干部个人查摆整改与组织查摆整改紧密结合起来,努力做到学得深、查得实、改到位,不断把作风建设引向深入。

一体推进学查改,要在学有质量上下真功。开展好学习教育,抓好思想理论学习是基础。要在学深悟透上下功夫,持续深化党的创新理论武装,深入学习领会习近平总书记关于加强党的作风建设、落实中央八项规定精神等重要论述，学习领会和贯彻落实中央八项规定及其实施细则精神，系统总结党的十八大以来深入贯彻中央八项规定精神取得的成效和经验。要原原本本学、认认真真悟，深入领会精髓要义。要结合实际学，增强针对性与实效性，坚持真学实学、学用结合，做到内化于心、外化于行。要创新方式方法，抓好以案促学，运用由风及腐案例加强警示教育，不断锤炼党性、提高认识和思想觉悟，打牢思想政治基础。

一体推进学查改，要在查有力度上动真格。正视问题，找准问题，才能真正解决问题。面对问题，不能虚晃一枪、避重就轻甚至讳疾忌医，而要敢于直面问题，勇于自我剖析，把自己摆进去、把职责摆进去、把工作摆进去，对标对表，认真检视。同时，要充分运用纪检监察、巡视巡察、信访反映等途径，真查问题，查真问题。查摆问题不能眉毛胡子一把抓，要突出重点，聚焦"关键少数"、关键节点、关键群体、关键问题，全面精准查摆。要抓常抓长，把查摆问题贯穿到党员干部的八小时内外，做到常常督促、处处对照，对那些可能出现反复的问题拧紧螺丝、上紧发条，驰而不息抓下去。要抓早抓小、防微杜渐，针对党员干部身上出现的苗头性、倾向性问题，做到早发现、早提醒，防止小错误变成大问题。

一体推进学查改，要在改有成效上见真章。学得深不深、查得实不实，归根到底要看改得好不好。要坚持问题导向，紧紧围绕前期学习自省、深入查摆以及群众反映的作风领域突出问题，建立台账、明确任务，挂图作战、确保进度，真刀真枪推进集中整治。要把集中整治同健全制度结合起来，坚持立查立改、即知即改，把"当下改"与"长久立"结合起来，坚持党性党风党纪一起抓、正风肃纪反腐相贯通，有针对性完善相关制度规定。要坚持开门教育，注重群众参与，自觉接受群众监督评判，让作风建设的成果更好惠及群众、造福人民，不断以作风建设新成效赢得人民群众信任拥护。

　　中央八项规定不是五年、十年的规定，而是长期有效的铁规矩、硬杠杠。作风建设永远在路上，没有完成时，必须常抓不懈、久久为功。一体推进学查改，开展好学习教育，以踏石留印、抓铁有痕的劲头抓好作风建设，不断以优良党风引领社风民风，以优良作风凝心聚力、干事创业，必将为进一步全面深化改革、推进中国式现代化提供更加坚强有力的保障。

立查立改、即知即改

　　立查立改、即知即改，是确保深入贯彻中央八项规定精神学习教育取得实效的重要一招。学习教育中，各级党员干部必须把学查改有机贯通一体推进，突出"立"与"即"的紧迫性，强化"查"与"知"的能动性，彰显整改落实、刀刃向内的坚定性。

　　作风建设是攻坚战，也是持久战。在贯彻中央八项规定精神过程中，有的党员干部学精神浮在表面，查问题碍于情面，促整改停在纸面，抓效果不够全面。有的党员干部缺乏学的主动、查的勇气、改的魄力，不敢动真碰硬，不愿刮骨疗毒，不善真查真改，一些违反中央八项规定精神的问题反弹回潮。

　　"立"与"即"是一种态度，也是求真务实思维方式。学习教育不分批次、不划阶段，一体推进学查改，要求广大党员干部跳出"先开展学习、后查摆问题、再推动整改"的线性思维，破除面对问题"等靠拖"的形式主义，以"时时放心不下"的自觉推进"并联作业"。要把中央八项规定精神学深悟透，把问题隐患查深看透，保持自身的清醒通透，让实时监督、迅速响应、彻底纠正高效运转起来，不断推进、动态处置。

　　优化"查"与"知"的效率和效果，要把"小"和"大"结合起来。从个体看，要把对照检视的担子切实压到每位党员干部身上，查于小、查于细、查于日常，对自身行为举止进行全面"体检"。从组织层面看，要用好"批评和自我批评"这个锐利武器，不怕交锋、不怕红脸，真讲问题、讲真问题，不掩盖、不回避、不推脱，不避重就轻、自欺欺人，让每位党员干部都树立正确认识，保持头脑清醒。

以实实在在的改变取信于民，需要广大党员干部增强"改"的主动、优化"改"的方式、提升"改"的质量。整改要奔着深处去，对于根子较深、解决较难的问题紧抓不放、久久为功；要奔着实处去，既要清除积弊也要夯实基础，让整改真有效果，大家真有感触；要奔着长久去，对于具有反复性、苗头性的问题保持警惕、常抓不懈。

（新华社记者：刘硕）

改文风会风话风是改作风题中之义

当前全党上下正在开展深入贯彻中央八项规定精神学习教育，纵深推进作风建设。改作风涉及方方面面，其中形成好的文风会风话风是检视作风建设成效的重要标尺，更是持续改作风的题中之义。改作风和改文风会风话风要一体推进、相互促进。

文章怎么写，会怎么开，话怎么说，都直接映射党员干部作风状况，直接关乎党和政府在群众心中的形象。早在中央八项规定出台之初，党中央就对精文简会等方面提出明确要求，以上率下作出了示范，树立了标杆。深入学习贯彻中央八项规定精神，就要时时对标对表，在改文风会风话风上绵绵用力，以群众看得见的变化体现作风建设新成效。

文风改什么？改掉晦涩难懂的语言，改掉言之无物的内容，改掉动辄穿靴戴帽的风格，改掉长篇累牍的形式，改掉居高临下的说教。文章不写半句空，文件不注一点水，语言朴实平实，内容开门见山，干部群众才能读得懂，看得明白。

会风改什么？改掉"马拉松式"会议，改掉开会"轮流念稿"，改掉层层陪会，改掉为开会而开会，改掉重形式无内容的会。少开会、开短会、开有用的会，让干部腾出精力到一线去、到群众中去。

话风改什么？改掉推诿扯皮，改掉官腔官调，改掉溜须拍马，改掉车轱辘话。多说大白话，敢讲真心话，坚决摒弃"正确的废话、漂亮的空话、严谨的套话"。

文风会风话风中的一些不良习气，根子是作风不严不实。没有真正沉到一线了解民情，就写不出有思想有温度的好文章；没有奔着问题去的认真劲，就容易陷入"以会议贯彻会议"的怪圈；没有主动和群众掏心窝子，话就说不到老百姓的心坎里。改文风会风话风，说到底就是要改作风、戒虚功。

作风就是形象，作风就是力量。以学习教育为契机，从党员干部思想源头抓起，锻造过硬作风，讲实干、谋实绩，"短实新"的文风、"干实事"的会风、"接地气"的话风就会蔚然成风。

（新华社记者：余贤红、刘佳敏）

让歪风邪气没有市场

中央八项规定是改进作风的切入口和动员令。当前全党上下正在开展深入贯彻中央八项规定精神学习教育，要以此为契机，严肃查处各种违规违纪行为，扫除其滋生蔓延的社会文化土壤，筑牢自觉抵制的思想防线，让歪风邪气没有市场。

作风建设，只有起点，没有终点。近年来，一些"四风"隐形变异新动向冒头，形式主义花样翻新，违规吃喝隐蔽化、收受礼品远程化等新手段浮现。新现象背后仍是作风问题，作风问题本质上是党性问题。要将此次学习教育当成一次政治体检，大病动手术、平时重预防，实现作风建设"防"与"治"的辩证统一。

对群众反映强烈的作风问题，要露头就打。针尖大的窟窿能透过斗大的风，要防微杜渐，坚决纠治作风问题，推进风腐同查同治。不正之风和腐败问题互为表里、同根同源。堵住蚁穴、打好补丁，下好整治歪风邪气的先手棋，打好治未病的主动仗，才能防止从量变到质变、小节到大错，堵住由风及腐、风腐一体的传导通道。

在刹住歪风邪气上不能有"疲劳期"，要反复敲打。诸多隐形变异新动向说明，作风问题具有顽固性、反复性，抓一抓会好转，松一松就会反弹，不能因为已经取得的成效而有任何喘口气、歇歇脚的念头。要完善作风建设长效机制，对形式主义、官僚主义的新表现，对群众深恶痛绝的特权思想、铺张浪费等，要精准施治、靶向治疗。

　　整治歪风邪气，重在风气养成，重在日常教化。立明规则，破潜规则，必须在党内形成弘扬正气的大气候。建立严格、完善的作风建设法规制度体系，实现作风建设制度化、规范化、常态化，每一名党员干部都拧紧世界观、人生观、价值观的"总开关"，才能不断充盈新风正气，营造良好的政治生态。

　　思想的清泉浸润人心，制度的齿轮精密咬合，监督的铁腕雷霆出击，以清风吹散歪风、正气驱走邪气，就能不断赢得群众支持和信赖。

　　　　　　　　　　　　　　　　（新华社记者：周以航）

浪费之风务必狠刹

厉行勤俭节约是中央八项规定的重要内容，也是需要久久为功的长期任务。深入贯彻中央八项规定精神，务必狠刹浪费之风，以优良党风凝聚人心，引领"浪费可耻、节约光荣"的社风民风。

节俭朴素，力戒奢靡，是我们党的传家宝，是事关"修身""兴业"的大事。浪费之风，不仅造成社会财富损失，还严重损害党的形象、败坏社会风气。

整治清理"舌尖上的浪费""车轮上的铺张""超标的公房"……党的十八大以来，党中央坚持以上率下，以钉钉子精神纠治奢靡之风，党风和社会风气焕然一新。

同时也要看到，奢靡浪费等作风问题具有极强的顽固性、反复性。当前，虽然明目张胆的浪费少了，但改头换面的超标接待、违规吃喝等仍未绝迹，讲排场、比阔气的不良心理仍然存在。小到材料打印、办公用品购置"花公家钱不心疼"，大到突击花钱、超标准支出"不花光就是浪费"等现象，在一些地方还较为突出。

狠刹浪费之风，必须一手雷霆手段，一手长效施策。要对标对表深入查摆问题，尤其要查摆浪费的新变种、新形式，并主动接受群众和社会监督，做到立查立改、即知即改；要充分运用党纪学习教育成果，对生活奢靡、铺张浪费、贪图享乐等现象及时警示、及时查处、及时治理；要向制度要动力，进一步完善相关法律法规和政策措施，向铺张浪费说不。

风成于上，俗化于下。狠刹浪费之风，更要筑牢节约意识。广大党员干部务必坚持以俭修身、以俭兴业，从一餐饭、一瓶水、一度电、一张纸做起，身体力行、率先垂范，争做勤俭节约的标杆，永葆共产党人清正廉洁的政治本色。

（新华社记者：向志强）

久久为功，化风成俗

当前全党上下正在开展深入贯彻中央八项规定精神学习教育。作风建设如逆水行舟，一篙松劲退千寻，唯有一体推进学查改，融入日常、抓在经常，久久为功，方能推动中央八项规定精神内化为日用而不觉的言行准则。

党的十八大后，党中央从立规矩开始，制定出台八项规定，从"舌尖上的浪费"到"车轮上的腐败"，从"会所里的歪风"到"节日里的腐败"，以小切口推动大整治，党风政风焕然一新，社风民风持续向好，八项规定深刻改变中国。

同时也要清醒地看到，作风建设永远在路上，不可能一蹴而就、毕其功于一役。不能一阵风、刮一下就停，必须经常抓、长期抓。

当前，一些地方仍存在"指尖上的形式主义"，用数字留痕代替真抓实干；少数干部心存侥幸，违规吃喝穿上"隐身衣"；个别领域门好进、脸好看、事难办等问题时有发生。这些现象再度警示我们，作风问题具有反复性和顽固性，作风建设贵在常、长二字，要以钉钉子精神，保持力度、保持韧性，善始善终、善作善成，不断取得新成效。

化风成俗，绝非朝夕之功。各级党组织要持续完善"抓常、抓细、抓长"的工作机制，始终坚持零容忍，把中央八项规定作为铁规矩、硬杠杠，一个节点一个节点坚守，一个问题一个问题解决，抓具体、补短板、防反弹，重点纠正形式主义、官僚主义问题，坚决反对特权思想、特权现象，督促党员干部树牢正确权力观、政绩观、事业观。党员干部当以学习教育为契机，勤掸"思想尘"、多思"贪欲害"、常破"心中贼"，以好作风好形象创造新伟业。

（新华社记者：刘怀丕、牛少杰）

作风问题根本上是党性问题

当前全党上下正在开展深入贯彻中央八项规定精神学习教育。中央八项规定是改进作风的第一步，是作为共产党人应该做到的基本要求。作风问题根本上是党性问题。作风反映的是形象和素质，体现的是党性，起决定作用的也是党性。改进作风要举一反三，透过作风看党性，在解决作风问题的基础上解决好党性问题。

衡量党性强弱的根本尺子，就是公、私二字。大量案例表明，很多作风问题的产生，就是没有处理好公与私的关系，几顿饭、几张卡、几瓶酒，以为是"朋友"间的私情，出卖的却是公权力和公众利益。公款姓公，一分一厘都不能乱花；公权为民，一丝一毫都不能私用。党员干部要始终把公私分明、先公后私、克己奉公牢记在心，干干净净做事、坦坦荡荡做人，不断筑牢党性堤坝，防作风问题之患于未然。

信念是本，作风是形，本正而形聚，本不正则形必散。保持和发扬党的优良作风，坚定理想信念是根本。理想信念坚定，才能眼明心正、头脑清醒；理想信念动摇，则会心为物役、迷失方向。党员干部要坚定理想信念，从理想信念中获得察大势、应变局、观未来的指路明灯，获得奋斗不止、精进不怠的动力源泉，获得辨别是非、廓清迷雾的政治慧眼，获得抵御侵蚀、防止蜕变的强大抗体。

党的作风建设是一项艰巨复杂的长期工程，党员的党性修养也是一项常讲常新的终身课题。党员干部的党性修养、道德水平不会随着年龄、党龄、工龄的增长而自然提高，也不会随着职务的升迁而自然提升。只有持之以恒地强化自我修炼、加强自我约束、持续自我改造，勤掸"思想尘"、多思"贪欲害"、常破"心中贼"，才能在大是大非面前旗帜鲜明，在风浪考验面前无所畏惧，在各种诱惑面前立场坚定。

（新华社记者：孙少龙）

抓早抓小、防微杜渐

中央八项规定每一条都聚焦具体问题，深入学习贯彻中央八项规定精神就应该从细微处着手，在日常中抓落实。坚持抓早抓小、防微杜渐，发现干部身上出现苗头性倾向性问题及时咬耳扯袖、提醒帮助，有助于防止小问题变成大问题、小管涌沦为大塌方。

新时代以来，党风廉政建设从小切口入手，坚持一个毛病一个毛病纠治，一个问题一个问题突破，既"由风查腐"又"由腐纠风"，久久为功，推动中央八项规定精神深入人心。

也要看到，一些错误认知仍然存在，纠治违反中央八项规定精神的行为仍需进一步澄清模糊认识。比如，有的认为和同乡、同学、同事、同行等喝喝酒是人情世故，结果抹不开面子而给人办事；有的对形势估计盲目乐观，觉得作风建设可以松口气、歇歇脚。事实上，一个人思想防线的松动，廉洁底线的失守，往往始于细节和错误认知。加强作风建设，有必要进一步澄清谬误、匡正风气，防微杜渐，筑牢防线。

一些党员干部"破纪"，多始于思想"破防"。抓早抓小、防微杜渐，要在立根固本上下功夫。党员干部的党性修养、道德水平，不会随着党龄工龄的增长和职务的升迁自然提高。职位越高，工作时间越长，越要强化正心修身。对照中央八项规定精神要求，在思想政治上常常"三省吾身"，始终保持一颗敬畏心、平常心，心中有法纪、有组织、有人民，才能"小节"不失范，"大道"不偏离。

禁微则易，救末者难。抓早抓小、防微杜渐，要始终坚持严的基调、严的措施、严的氛围。严管就是对干部真负责，要敢于较真碰硬，明规矩于前，严落实于后，及时发现问题，勇于纠正偏差。尤其是对年轻干部要加强教育引导，让他们从进入干部队伍之日起，就知道守纪律、讲规矩的重要性和严肃性，养成在受约束的环境下干事的习惯和自觉。

好作风的形成非朝夕之功。常态化地抓，一点一滴地抓，党性党风党纪一起抓，紧抓不懈，才能不断化风成俗，让时代新风更加充盈。

（新华社记者：余贤红、刘佳敏）

严惩风腐交织问题　铲除风腐共性根源

　　正风、肃纪、反腐三者相辅相成，缺一不可。要把正风肃纪反腐贯通起来，以"同查"严惩风腐交织问题，以"同治"铲除风腐共性根源，引导广大党员干部自觉遵规守纪、大胆干事创业，坚定推进党的自我革命，让中央八项规定精神更加深入人心，让党永葆健康活力。

　　风腐问题互为表里、同源共流。不正之风是滋生腐败的温床，腐败往往始于作风失守。大量案例警示，不少党员干部从"吃顿饭""喝瓶酒""收张卡"开始，逐步堕向腐败的深渊。歪风邪气会加剧腐败蔓延，甚至带坏一地一域风气，形成恶性循环。正风，就是要以"抓早抓小"的警觉，防微杜渐，让不良风气失去土壤、失去通道、失去市场。

　　纪律是管党治党的"戒尺"，是阻隔风腐问题的"防火墙"。开展深入贯彻中央八项规定精神学习教育，推进作风建设，揪的是歪风邪气，打的是腐败行为。不论是党员干部个人，还是单位集体，纪律意识不严、存在侥幸心理，风腐问题就会抬头。遵章守纪不能止步于学一学、听一听、看一看，必须严明红线，加强政治监督，强化刚性约束，让广大党员干部知敬畏、存戒惧、守底线。用纪律利剑切断"由风及腐"的传导链条，筑牢防线。

　　深入贯彻中央八项规定精神学习教育过程中，对作风、纪律、腐败问题要同查同治，做好统筹文章。既要对"由风及腐"，来一场作风大检验，从依旧不收敛、不收手的顶风违纪行为中，深挖利益链条，查处腐败行为；也要"以腐纠风"，坚持有腐必反、有贪必肃，坚持无禁区、全覆盖、零容忍，"老虎""苍蝇"一起打，对腐败现象持续保持高压态势，形成有力震慑。

正风"筑堤"，以优良作风作引领；肃纪"固坝"，以严明纪律强保障；反腐"清淤"，以反腐惩恶清障碍……广大党员干部要树立整体思维、强化系统观念，让中央八项规定精神涤荡歪风邪气，让风腐问题无处遁形，以风清气正的政治生态，护航中国式现代化建设新征程。

（新华社记者：段续、唐成卓）

作风建设贵在常、长二字

开展深入贯彻中央八项规定精神学习教育，要求推进作风建设常态化长效化。作风问题具有顽固性反复性，作风建设只有起点没有终点。只有坚定决心信心，将八项规定作为铁规矩、硬杠杠抓常、抓长，方能管出习惯、抓出成效，化风成俗。

从整治"会所里的歪风"、狠刹"舌尖上的浪费"到严查"车轮上的腐败"，党的十八大以来，党中央以八项规定作为作风建设的破题之举，一个毛病一个毛病纠治，一个问题一个问题突破，以小切口促成大变局，推动党风政风焕然一新，社风民风持续向好。

与此同时，当前作风建设仍然面临不少挑战：做了不少工作，但有的只是破题，许多深层次问题还没有触及；一些不良风气一时压下去了，如果不较真、还是会卷土重来；一些"四风"问题隐形变异，违规吃喝"转移阵地"、超标报销"改头换面"、送礼收礼"披上外衣"、公款旅游"声东击西"等现象时有出现；有的地方和单位患上"疲劳综合征"，松劲歇脚，以致旧弊未除、新弊又生等等。

抓好作风建设非一日之功。面对世情、国情、党情的深刻变化，我们必须保持常抓的韧劲、长抓的耐心，在坚持中见常态，向制度建设要长效，推动社会风气好转。

抓常，就是要经常抓、见常态。各级党组织及其主要负责人要把班子和干部队伍作风建设紧紧抓在手上，经常分析班子和干部队伍作风状况，经常分析本地区本部门干群关系状况，及时掌握苗头性、倾向性问题，采取有针对性的措施。

抓长，就是要持久抓、见长效。集中教育整顿是有必要的，但根本上还是要靠制度。要从体制机制上堵塞滋生不正之风的漏洞，以改革的办法固化作风建设成果，彻底走出"抓一抓就好一些，放一放就松下来"的怪圈。

从善如登、从恶如崩。广大党员干部要切实强化攻坚战、持久战意识，保持韧劲、善始善终，不断取得作风建设新成效。

（新华社记者：向志强）

抓作风问题这根弦松不得

  中央纪委国家监委近日公开通报了十起违反中央八项规定精神典型问题，连续公布典型问题彰显持之以恒抓作风的决心。中央八项规定是改进作风的切入口和动员令，是长期有效的铁规矩、硬杠杠，需常抓不懈，久久为功，让作风建设这张"金色名片"越擦越亮。

  作风反映的是形象和素质，体现的是党性。近年来，党的作风建设取得明显成效。但也要清醒地认识到，"下基层调研坐在车上转，隔着玻璃看""军令状，层层签，责任转移到下边""水过鸭背不湿毛"等形式主义、官僚主义问题仍有发生。面对一些地方发生的松动、一些方面存在的死角、一些不良风气的反弹回潮，更要保持警惕，时刻防止松劲懈怠、精力转移，作风这根弦一刻都不能松。

  作风问题关系人心向背，关系党的执政基础。作风并不抽象，具体表现在每位党员特别是领导干部的实际工作中，贯穿于大事小情的处理解决上。老百姓怎么看党和政府，最直观的视角就是身边的党员干部正不正派、清不清廉、干不干事。身边的党员干部作风正、干劲足，以夙夜在公、廉洁自律的作风把群众放心上，以时不我待、只争朝夕的精神把工作做在前，人民群众就能真正感受到正风反腐的实际成效，好作风也会化成新风，成为凝聚党心民心的强大能量。

  逆水行舟用力撑，一篙松劲退千寻。党的作风建设是一项艰巨复杂的长期工程,只有起点,没有终点。面对的问题具有长期性、反复性,应对方式也必须制度化、规范化、常态化。作风建设不可能一蹴而就、毕其功于一役,也不能一阵风、刮一下就停,必须经常抓、长期抓,以马不离鞍、缰不松手的定力,以反复抓、抓反复的韧劲,打好这场攻坚战、持久战、攻心战。

好作风,就是创造力、凝聚力、战斗力。今年是"十四五"规划收官之年,应对艰巨繁重的改革发展任务,必须以优良作风提供坚实保障。始终绷紧作风这根弦,保持赶考的心态,坚决斩断由风及腐的链条,不断以作风建设新成效推动保持党的先进性纯洁性,向人民群众交出满意答卷,以更加昂扬的姿态迈进新征程。

(新华社记者:王亚宏)

中央八项规定是铁规矩、硬杠杠

　　日前，中央层面深入贯彻中央八项规定精神学习教育工作专班、中央纪委办公厅公开通报河南省信阳市、罗山县10名干部在学习教育期间违规吃喝、严重违反中央八项规定精神问题。中央八项规定是改进作风的切入口和动员令，更是长期有效的铁规矩、硬杠杠。贯彻落实中央八项规定精神，要踏石留印、抓铁有痕，以钉钉子精神刹住歪风邪气，纠治顽瘴痼疾，铲除腐败的温床。

　　制定实施中央八项规定是我们党在新时代的徙木立信之举。也要清醒看到，落实中央八项规定流于形式的情况仍时有发生，一些党员干部虽态度积极，但"说起来重要、喊起来响亮、做起来挂空挡"，始终落实不到实际行动上。有的地方抓八项规定不痛不痒、四平八稳，让规矩成了空洞的口号，最终失之于松、失之于软。

　　规矩制定的意义，关键在于坚决落实、严格执行。在改进作风上要立新规、动真格、求实效、防反弹。对于群众深恶痛绝、反映最强烈的突出问题，要一件一件抓到底，从严查处，下狠手根治，绝不姑息迁就。

　　党员干部要牢牢树立规矩意识，始终保持清醒的头脑，时刻绷紧纪律这根弦，深刻认识到作风形象的重要性。以八项规定为尺子，量一量自己的言行举止是否符合党纪的要求；以八项规定为镜子，照一照自己的工作作风是否存在偏差，同时自觉接受群众的评议和监督。

八项规定是一条不可逾越的红线。党员干部要时刻保持对组织、对党纪、对国法的敬畏之心，时刻保持如临深渊、如履薄冰的谨慎，培养自我约束、自我规范的精神。对不知敬畏、挑战纪律的要严肃处理、以儆效尤。

令在必信，法在必行。建立健全监督制度，坚持不懈扎紧制度笼子，要一刻不松、寸步不让，持之以恒纠治"四风"，不断培土加固中央八项规定堤坝，形成真管真严、敢管敢严、长管长严的氛围。

（新华社记者：高健钧）

解决"四风"问题，不能"走神"不能"散光"

违规收受茅台酒、套取公款用于吃喝、违规接受管理服务对象安排的宴请……近日，海南通报 6 起违规吃喝、违规收受礼品礼金典型问题，反映出当前"四风"问题依旧顽固复杂。深入贯彻中央八项规定精神，务必聚焦"四风"突出问题，步步深入靶向施治，不能"走神"、不能"散光"。

"四风"问题是作风问题的集中表现，违背我们党的性质和宗旨，人民群众深恶痛绝、反映强烈。近年来，各方聚焦"四风"老问题和新动向开展集中整治，享乐主义、奢靡之风得到有力遏制，形式主义、官僚主义得到重点整治。"四风"惯性有效扭转，歪风邪气的生存空间不断压缩，党的作风实现整体好转。

同时也要看到，形式主义、官僚主义的老问题、新变种仍潜滋暗长，享乐主义、奢靡之风不时抬头，特别是不担当不作为、推诿扯皮，执行政策"一刀切"，文风会风不实不正，违规吃喝等突出问题，干部群众反映仍较强烈。必须对准焦距、找准穴位、抓住要害，持续深化纠治"四风"问题。

解决"四风"问题上，要抓住主要矛盾和矛盾的主要方面，什么问题突出就着重解决什么问题，什么问题紧迫就抓紧解决什么问题。反对形式主义，要着重解决工作不实的问题；反对官僚主义，要着重解决在人民群众利益上不维护、不作为的问题；反对享乐主义，要着重克服及时行乐思想和特权现象；反对奢靡之风，要着重狠刹挥霍享乐和骄奢淫逸的不良风气。找准靶子、有的放矢，方能求得实效。

解决"四风"问题，要做到标本兼治。对"四风"问题的各种表现，要严抓不放，做到该纠正的纠正，该禁止的禁止，同时要由表及里地查找问题产生的深层次原因，把查处"四风"问题同深化改革、理想信念教育、健全体制机制等贯通起来，以系统性举措来抑制不正之风。

纠风之难，难在防止反弹。当下存在一些使歪招、打折扣、搞变通现象，警醒我们要紧盯"四风"新形式新动向，不断提升规律性认识、丰富治理手段。还要认识到"四风"问题的顽固性、长期性、复杂性，坚决防止产生"疲劳综合征"，在坚持中见常态，向制度建设要长效，以优良作风凝心聚力、干事创业。

（新华社记者：周圆）

风成于上，俗化于下

领导干部的作风直接关系党内风气和政治生态，关系民心向背，决定着党的群众基础。领导干部作风过关、过硬，党风社会风气才会好。改进作风必须自上而下、以上率下，领导干部作示范、立标杆、带好头，一贯到底、落实落地，定能风成于上，俗化于下。

党的十八大以来，党中央从制定和落实中央八项规定开局破题，坚持从中央政治局做起、从领导干部抓起，以上率下改进工作作风。党中央发扬钉钉子精神，持之以恒纠治"四风"，反对特权思想和特权现象，狠刹公款送礼、公款吃喝、公款旅游、奢侈浪费等不正之风，解决群众反映强烈、损害群众利益的突出问题，推进基层减负，倡导勤俭节约、反对铺张浪费，刹住了一些过去被认为不可能刹住的歪风，纠治了一些多年未除的顽瘴痼疾，党风政风和社会风气为之一新。

作风建设只有进行时，没有完成时。必须清醒认识到，作风问题具有反复性和顽固性，有一些地方发生了松动，有一些方面还存在盲区死角，一些不良风气出现了反弹回潮。在深入贯彻中央八项规定精神学习教育中，各级领导班子成员要主动认领问题，精准制定整改措施，坚持有什么问题解决什么问题，什么问题突出重点整治什么问题，一项一项抓落地。

"政者，正也。子帅以正，孰敢不正？"领导干部不应该是作风建设的被动参与者，而应该是积极践行者，要把落实中央八项规定精神化作自觉行动，以身作则、以上率下，以"关键少数"示范带动"绝大多数"。既要一级示范给一级看，也要一级带领着一级干，抓具体、补短板、防反弹，使党员干部知敬畏、人民群众有信心。

（新华社记者：刘怀丕、牛少杰）

破潜规则，立明规矩

深入贯彻中央八项规定精神学习教育开展以来，从中央到地方，各级党组织大力纠治违规吃喝、违规收送礼品礼金、侵害群众利益、不担当不作为等突出问题，已取得阶段性成效，形成有力震慑。这些问题背后，暗藏着权力寻租、圈子文化、山头主义等潜规则。纠治，就是为了严明政治纪律和政治规矩，严肃党内政治生活，破潜规则，立明规矩。

潜规则是暗地里通行的不成文规则，大多涉及利益输送、权力寻租、暗箱操作等违纪违法行为，腐蚀党员干部，败坏党的形象，扭曲颠倒价值标准，与良好政治生态相悖。如果任之大行其道、潜滋暗长，将使正气不彰、邪气不祛，进而损害人民群众利益，侵蚀政府公信力，破坏党的执政基础。

破潜规则，破是主导，是关键。"马列主义对人，自由主义对己""不求百姓拍手，只求领导点头""章子不如条子，条子不如面子"……潜规则看起来无影无踪、却又无处不在，听起来悖情悖理、却可畅通无阻，成为腐蚀党员干部、败坏党的风气的沉疴毒瘤。要铲除其生存土壤，就必须用过硬的措施、管用的办法，破除权力运行的"暗箱"，斩断利益输送链条，严惩违纪违法行为，依规依纪依法深化党务政务公开，使权力在阳光下运行。

不破不立，破除潜规则，根本之策是立明规矩，以正压邪。党的十八大以来，除了中央八项规定，党中央还制定了《党政机关厉行节约反对浪费条例》等一批作风新规，作风建设的要求充分体现在制度中。明规矩能不能立得稳、管得住，关键看执行。党员干部要把严守党的纪律规矩、循法律法规而行融入思想和血液，做到不放纵、不越轨、不逾矩。各级党组织要以一寸不让的态度，分毫必争的决心，做到有纪必依、执纪必严、违纪必究，形成强大的纪律震慑。

明规矩每前进一分，潜规则必然后退一分。让明规矩枝繁叶茂，潜规则偃旗息鼓，风清气正的大气候必会历久弥新。

（新华社记者：刘阳）

整治违规吃喝，不是一阵风不能一刀切

深入贯彻中央八项规定精神学习教育正在开展，全党上下针对违规吃喝问题坚持露头就打、从严查处。但还有个别党员干部在学习教育期间违规聚餐饮酒，反映出"四风"问题具有顽固性、反复性，也能看出违规吃喝"小事小节论""影响发展论""行业特殊论"等错误思想在一些人心中仍根深蒂固。

违规吃喝不是无伤大雅的小事小节，而是关系党风政风、人心向背的大事。表面看是一顿饭、一场酒，实质是贪腐问题的导火索，表面看是没管住嘴，实质是没守住心。违规吃喝不是促进发展的润滑剂，而是可能产生权力寻租和利益输送的温床，长久来看破坏正常的营商环境，最终会导致资源错配，降低经济发展的质量和效率。我们要的是高质量发展，绝非大吃大喝维持的虚假繁荣。违规吃喝不是纪律松绑的借口，在党纪国法和各项规章制度面前，没有哪个行业可以"特殊""例外"，不能把"业务需要"作为违规吃喝的挡箭牌。

整治违规吃喝绝不是一阵风。一些不良作风像割韭菜一样，割了一茬长一茬，症结就在于对作风问题的顽固性和反复性估计不足。有个别党员干部心存侥幸，认为忍一忍、等一等，风头就会过去。这是对党中央推进全面从严治党坚定决心和意志的认识不清醒。

中央八项规定是长期有效的铁规矩、硬杠杠。整治违规吃喝要有常抓的韧劲、严抓的耐心，更要有管长远、固根本的制度。各级党组织不但要切实教育引导党员干部清醒认识违规吃喝的政治危害，自觉同各种错误思想作斗争，还应一体推进学查改，将学习教育中纠治违规吃喝等问题的实践成果固化下来，形成规范完善且操作性强的制度，据此抓现行、抓典型、抓通报，深挖细查违规吃喝背后的腐败问题。

同时必须注意，整治违规吃喝的核心是"违规"，而不是吃喝本身。主体是党员干部、公职人员，尤其是领导干部。是否"违规"，党纪党规方面主要看《中国共产党纪律处分条例》公务接待、商务招待等规定，公职人员管理层面主要看监察法、公职人员政务处分法等。从中央到地方的各项"禁酒令"，其核心始终是规范公务行为、严明纪律红线，而非一刀切阻绝正常人际交往。党员干部有正常私人交往的权利，前提是要守住"不影响公务""不影响廉洁"的底线。

公职人员24小时禁酒、聚餐控制三人以内、餐费必须AA……当前有一些对整治违规吃喝的歪曲解读，必须予以警惕。实事求是是党的基本思想方法、工作方法、领导方法，各地各部门在整治违规吃喝过程中，务必将实事求是挺在前面，注意区分违规吃喝和正常餐饮消费，准确运用"四种形态"，达到政治效果、纪法效果和社会效果的有机统一。整治违规吃喝同进行正常消费、促进市场繁荣并行不悖，要注重治理的方式方法，依规依纪依法开展监督检查，不得影响餐饮行业正常经营和群众正常消费，不得违背政策搞一刀切、层层加码。

整治违规吃喝，既不能"走神"更不能"散光"，有的放矢才能求得实效。以优良作风凝魂聚气、凝心聚力，必能为中国式现代化建设注入清朗强大的精气神。

成效篇

聚焦主题　注重实效

——中央和国家机关、人民团体扎实开展深入贯彻中央八项规定精神学习教育

连日来，中央和国家机关、人民团体聚焦主题、注重实效，扎实开展深入贯彻中央八项规定精神学习教育，教育引导党员干部以更高标准、更严要求锤炼党性、提高觉悟，确保取得实实在在的成效。

加强统筹谋划　精心组织实施

深入贯彻中央八项规定精神学习教育是今年党建工作的重点任务，中央和国家机关、人民团体深入学习贯彻习近平总书记重要讲话和重要指示精神，落实《关于在全党开展深入贯彻中央八项规定精神学习教育的通知》要求，加强统筹谋划、精心组织实施，切实走好"第一方阵"。

举办机关党章党规制度集中学习月、党风廉政宣传教育周，组织年轻干部开展"红色基因我传承"等活动……全国人大常委会党组和机关党组自觉增强开展学习教育的责任感紧迫感，联系全面从严治党的形势任务，联系全国人大机关这些年抓作风建设的具体实践，研究制定机关学习教育实施方案，细化4个方面11项重点任务，明确完成时限和责任单位。

"要聚焦主题，在'实'字上下功夫见成效，力戒形式主义，防止'两

张皮'""要深化学习教育，坚持个人自学与集中学习、日常教育和集中教育相结合"……全国政协机关召开开展深入贯彻中央八项规定精神学习教育动员部署会，对扎实开展学习教育提出一系列明确要求。机关33个行政室局、直属单位党组织及时制定学习教育工作具体方案，坚持学查改一体推进。

中央统战部抓实指导督促，本着精干高效、简约务实原则组建部学习教育工作专班，明确职责分工，压实责任要求。针对学习教育中可能出现的形式主义和"低级红""高级黑"问题认真研究预判，结合实际列出负面清单，切实加强防范。同时，及时印发工作提示，对把握落实好学习研讨、查摆问题、整改整治等具体要求加强指导。

中联部在部领导班子带领下，全部集思广益、自下而上梳理思路举措，形成学习教育工作方案。强调结合党的对外工作实际，把中央八项规定及其实施细则精神贯穿在党的对外工作各方面全过程。各直属党组织通过全局会、局务扩大会议、党员大会等形式传达中央精神和部动员部署会要求，确保学习教育精准下沉、快速落地。

聚焦学习重点 创新方式方法

3月底，一场聚焦学习贯彻习近平总书记关于加强党的作风建设的重要论述和中央八项规定精神的集体备课会在中央党校（国家行政学院）举行。

会上，党的建设教研部5位教师从备课思路、授课框架、案例选取、讲课方法等方面发言，就进一步打磨课程、切实提高授课质量的具体安排作了介绍。

这是中央党校（国家行政学院）聚焦学习教育重点、抓好学习教育落实的一个缩影。学习教育开展以来，中央党校（国家行政学院）把学习《习近平关于加强党的作风建设论述摘编》作为必修课程列入教学计划、覆盖所有班次，组织学习研讨，开设专题课程，并通过集体备课等形式打造优质课程，为各级党组织开展学习教育提供学习资源。

开展学习教育，发挥好"关键少数"作用至关重要。

外交部党委制定实施方案和重点任务清单，为外交战线深入开展学习教育明确施工图。部党委理论学习中心组举行读书班第一次集中学习，原原本本学习《习近平关于加强党的作风建设论述摘编》，为基层党组织示范打样。同时，部党委委员结合出差对驻外使领馆加强指导，与党员干部座谈，确保驻外使领馆学习教育开好头、起好步。

中央政法委员会理论学习中心组围绕"深入学习领会习近平总书记关于加强党的作风建设的重要论述和中央八项规定精神"开展集体学习研讨，强化示范引领，迅速掀起学习教育热潮。

"我们把学习研讨作为基础工程，积极筹办政法领导干部专题研讨班、专题读书班，教育引导党员干部讲政治、守纪律、树新风，锲而不舍落实中央八项规定精神，推动学习教育往深里走、往实里走、往心里走。"中央政法委政法队伍建设指导局相关负责人表示。

坚持立查立改 确保取得实效

立查立改、即知即改，是确保深入贯彻中央八项规定精神学习教育取得实效的重要一招。

共青团中央将扎实开展学习教育纳入直属机关年度党建重点工作，作为党组织书记抓党建工作述职评议的重要内容，抓好建章立制，启动修订《团中央直属机关党员干部违规吃喝十条禁令》，将严的基调贯穿始终。同时，加强联动指导，指导各级团的领导机关在同级党委（党组）领导下，聚焦主题、结合实际，一体推进学查改，确保学有质量、查有力度、改有成效。

教育部对标本兼治抓整改提出明确要求，坚持问题导向，全面查摆问题，加强警示教育，扎实推进集中整治，一体推进党风政风、师德师风、校风学风建设，坚持"当下改"与"长久立"相结合。同时，针对高校教师、学生、离退休人员、医护人员和校属企业职工等不同群体党员，分层分类实化细化具体任务，着力提升学习教育的精准性、实效性。

融入日常、抓在经常，久久为功，方能推动中央八项规定精神内化为日用而不觉的言行准则。

科技部对照中央提出的 11 个方面问题，结合科技工作实际列出清单，制定整改台账，重点围绕为科研人员减负、"牌子""帽子"清理等深化集中整治，指导机关司局与支撑事业单位共同查摆推进业务工作中反映出的作风问题。部党组成员深入一线调研科技创新亟待解决的问题，组织年轻干部开展"根在基层"等实践调研活动，为高校、科研院所、科技型企业送政策、解难题，推动学习教育走深走实。

（新华社记者：孙少龙）

以优良作风激发改革发展动力活力

——中管企业扎实开展深入贯彻中央八项规定精神学习教育

深入贯彻中央八项规定精神学习教育开展以来，国务院国资委紧密结合国资央企实际作出全面部署，引领带动国资央企学习教育走深走实，各中管企业一体推进学查改，以优良作风激发改革发展动力活力，更好保障国有资本和国有企业做强做优做大。

统筹谋划　精心组织

深入贯彻中央八项规定精神学习教育是今年党建工作的重点任务。如何在学有质量、查有力度、改有成效上见真章？

组织学习、成立专班、制定方案、挂图作战……连日来，各中管企业将开展深入贯彻中央八项规定精神学习教育作为重大政治任务，加强统筹谋划、细化工作任务、精心组织实施，引导党员干部站在拥护"两个确立"、做到"两个维护"的高度，坚决贯彻落实党中央决策部署，推动学习教育有力有序开展。

国家能源集团党组坚持学习领会到位、组织领导到位、启动部署到位，推动学习教育高起点开局、高质量推进：研究制定集团公司学习教育工作方案，明确11项重点任务，迅速组建工作专班，构建"领导小组统筹抓总、工作专班专责推进、基层党组织联动实施"的三级协同工作机制；牢固树立整治形式主义为基层减负鲜明导向，不召开大规模启动部署会等，印发通知提示一贯到底、落实到位。

国家电网公司提高站位抓部署，把开展学习教育同落实党中央重大决策部署、圆满完成"十四五"规划目标任务结合起来，统筹制定4个方面10项重点任务，确保学查改一体推进、融入日常。公司总部按月细化分解具体措施，制定工作安排一览表，把责任落实到部门，形成学习教育"时间表""路线图"。

中国移动建立了党组（党委）领导调研推进、工作专班日常推进、党建工作片区定向推进、智慧党建系统在线推进的"四位一体"学习教育工作落实体系。"我们注重发挥企业信息化优势，充分利用智慧党建系统支部在线等功能，实现督促推进全覆盖，确保各项部署落实到位。"中国移动深入贯彻中央八项规定精神学习教育办公室负责人表示。

精研细学　入脑入心

"把准行动指南，自觉用习近平新时代中国特色社会主义思想凝心铸魂""锤炼过硬作风，自觉在企业战略转型和高质量发展进程中彰显责任担当"……不久前，中国一汽在吉林杨靖宇干部学院举办的第一期青年干部培训班开课，引发学员们共鸣。

此次培训为期两个月，将重点围绕全面深入学习习近平新时代中国特色社会主义思想、深入学习党纪党规和中央八项规定及其实施细则精神等内容展开，帮助参训的年轻高级经理和高级经理后备人员锤炼党性修养、磨砺实干本领。

学习教育启动以来，中管企业创新方式方法，抓好学习研讨，学习贯彻习近平总书记关于深入贯彻中央八项规定精神学习教育的重要讲话和重要指示精神，深刻认识中央八项规定是长期有效的铁规矩、硬杠杠，切实增强贯彻落实的思想自觉、政治自觉、行动自觉。

围绕"学到位"下功夫，中国石化建立党组（党委）带头学、基层党组织紧跟学、培训教育提升学、年轻干部强化学"四学联动"机制，党组以身作则，带头原原本本读原著、学原文、悟原理。中国石化还充分利用石化党建平台等学习宣传渠道，广泛宣传学习教育重要意义、上级部署要求，推动学习教育往深里推动、往心里扎根。

中国三峡集团党组举办专题读书班暨党组理论学习中心组集体学习会议，以集中学习、交流研讨等多种形式深入学习习近平总书记关于加强党的作风建设的重要论述和中央八项规定及其实施细则精神。例如，聚焦学习教育主题，邀请专家为全体党员特别是领导干部、新提拔干部、年轻干部、关键岗位干部作专题辅导；集中观看警示教育专题片，以案促学、以案示警，持续涵养求真务实、清正廉洁的新风正气。

学用结合 务求实效

"要力戒形式主义，把学习教育与中心工作结合起来，确保取得实实在在的成效。"3月17日，国务院国资委党委在部署开展深入贯彻中央八项规定精神学习教育工作时强调。

学习教育启动以来，各中管企业坚持实字当头、干字为要、学用结合，坚持把转作风和促发展结合起来，以作风建设成效推动企业高质量发展。

立查立改、即知即改——

中国电科所属企业从改进文风、会风两个"小切口"破题，设立精简统筹会议、精简工作简报、精简新闻报道三项党委读书班专题学习研讨议题，对标查摆9项问题，制定9方面22条改进工作举措，切实以"大处着眼、细处发力"的工作思路，实现"学习研讨—查摆问题—整改整治"的闭环。

力戒虚功、求真务实——

航天科技集团坚决纠治科研生产管理中的"四风"问题，保障载人航天等重大工程任务圆满完成；以改革创新手段，有效解决产业发展中的突出问题，鼓励担当作为、干事创业；坚持风腐同查同治，加强警示教育；建立全级次穿透式监管体系平台，纳入违反中央八项规定精神问题监管场景，纵深推进全面从严治党。

从阳江三山岛海上风电柔直输电工程，到海南 500 千伏主网架工程，再到藏粤直流工程，南方电网公司将学习教育与中心工作"同频共振"，各基层项目党组织用好"三会一课"、知行学堂、每日一学等载体，推动学习教育在项目一线入脑入心，以公司高质量发展的实际成果检验学习教育成效。

作风建设永远在路上，任何时候都不能松懈。

中管企业广大党员干部表示，将以深入贯彻中央八项规定精神学习教育为契机，凝心聚力，久久为功，持续推动国资央企作风建设常态化长效化，在推进中国式现代化中提振精气神、锤炼好作风、展现新担当。

（新华社记者：王希）

以新作风展现担当作为

——中管金融机构扎实开展深入贯彻中央八项规定精神学习教育

在全党开展深入贯彻中央八项规定精神学习教育，是今年党建工作的重点任务。学习教育启动以来，中管金融机构聚焦主题、注重实效，一体推进学查改，引导广大党员干部锲而不舍落实好中央八项规定精神，以新作风展现担当作为，为推动金融高质量发展凝聚更大力量。

统筹谋划　研究部署

成立专班、制定实施方案、明确"时间表"……连日来，中管金融机构将开展学习教育作为重大政治任务，深入学习贯彻习近平总书记重要讲话和重要指示精神，加强统筹谋划和组织领导，第一时间研究部署，力求充分落实《关于在全党开展深入贯彻中央八项规定精神学习教育的通知》要求。

中国工商银行党委多次召开党委会、党建工作领导小组会议，部署推进学习教育，推动全行2.9万个基层党组织不等不靠，同步启动。工行成立学习教育工作专班，形成"1+2+N"工作体系，包括制定全行学习教育实施方案，印发关于做好学习教育集中学习、查摆问题的通知等。此次学习教育恰逢工行深入推进中央巡视整改，工行将学习教育与全行开展的"四风"和违反中央八项规定精神问题专项治理有效衔接，加大叠加效应和联动效果。

中信集团成立学习教育工作专班，印发实施方案，明确3个方面、10项重点措施，一体推进学查改。坚持把学习研讨作为首要任务和贯穿始终的主线，研究制定工作方案，采取党委班子以上率下研学、党委成员结合实际领学、党员干部原原本本自学等方式，在对标对表中深刻领悟"两个确立"的决定性意义，坚决做到"两个维护"。

国家开发银行召开党委会启动部署学习教育，制定印发全行实施方案，成立工作专班并明确运行机制，召开专班会议、发布工作提示，要求全行各级党组织和党员干部通过党委中心组学习、读书班、"三会一课"、主题党日等形式，深入学习研讨、扎实贯彻落实习近平总书记重要讲话和重要指示精神，一体推进学查改，持续推动学习教育各项措施落地见效，确保学有质量、查有力度、改有成效。

创新形式　深学细研

4月3日，一场别开生面的学习教育在湖北省恩施州来凤县的张富清初心纪念园举行。张富清曾任中国建设银行来凤支行副行长，建设银行湖北省分行将学习教育与学习张富清同志先进事迹有机融合。

这是建设银行紧扣主题、联系实际抓好学习教育的一个缩影。学习教育开展以来，建行总行党委结合实际确定为期3天的读书班计划，列出主题深入研学；55家总行直管单位通过党委理论学习中心组集体学习、举办读书班等方式开展学习研讨。同时依托党支部"三会一课"、主题党日等方式，组织党员干部深学细研，深入领会精髓要义。

聚焦主题，中管金融机构全面学、重点学、深入学，推动学习教育入脑入心。

3月26日，中国人寿集团党委学习教育读书班开班，集团各成员单位党委也陆续开展读书班；4月9日和16日，邀请中共中央党史和文献研究院等单位围绕学习习近平总书记关于加强党的作风建设的重要论述等主题作专题辅导……中国人寿集团在学习研讨上突出"深"字，将此次学习教育作为加强全系统党的建设、深入落实中央巡视整改、加快建设中国特色世界一流金融保险集团的内在需要。

中国银行4月至6月将持续开展学习教育读书班，采取集体学习、专题辅导、参观见学、个人自学等形式，坚持原原本本和融会贯通相结合，对《习近平关于加强党的作风建设论述摘编》等学习材料和篇目，一篇一篇读、逐段逐句悟。同时坚持聚焦问题学和联系实际学相结合，既结合集中整治突出问题和问题清单，用好有关案例，边学习、边对照、边查摆；又紧密联系全面从严治党的形势任务，联系中国银行抓作风建设的具体实践进行认真学习思考。

以学促用　见行见效

推动学习教育走深走实，要将学习教育成果转化为工作实效。中管金融机构一体推进学查改，以优良作风凝心聚力、干事创业，依托学习教育成果更好实现业务发展。

业务制度从"多头问"变为"一键查"——在学习教育过程中，中国农业银行研发中心对基层反映强烈的制度"信息壁垒"问题开展集中整治，依托AI大模型上线"农银智问"系统，已入库制度1600余项。

中国农业银行坚持在"实"字上下功夫，结合实际一体推进学查改，把开展学习教育同解决客户急难愁盼、为基层减负赋能有机融合，在开门教育中注重客户和基层员工参与，回应客户和基层员工关切，把学习教育成果体现在提高金融为民服务质效和推动高质量发展上，让客户和基层员工可感可及。

中国人保集团紧盯突出矛盾，把开展学习教育与整治形式主义为基层减负紧密结合起来。中国人保将集中发力，解决一批基层反映强烈的形式主义问题，精简整合和从严审批各类会议、台账清单，持续改进文风会风，纠治层层加码、随意摊派任务问题和"机关化""衙门化""行政化"问题，改进督检考方式方法，推动由重材料痕迹向重实绩潜绩转变，坚持求真务实，做到改有成效，为建设世界一流保险金融集团凝聚强大力量。

中国进出口银行把开展学习教育同落实党中央重大决策部署、深化改革、接续推进中央巡视整改、完成各项重点工作紧密结合起来，与巩固深化主题教育和党纪学习教育成果、纵深推进全面从严治党结合起来，与落实基层减负工作要求结合起来，融入日常、抓在经常，坚决防止"两张皮"，切实把学习教育成果转化为全行党员干部攻坚克难、干事创业的强大动力。

中管金融机构广大党员干部表示，将深入贯彻中央八项规定精神，融入日常、抓在经常，提高认识、增强信心，以钉钉子精神抓落实，确保学习教育见行见效，在推进高质量发展中展现新风采。

让这方净土充盈新风正气

——中管高校推动学习教育走深走实

一段时间以来，各中管高校深入学习领会习近平总书记关于加强党的作风建设的重要论述，学习领会和贯彻落实中央八项规定及其实施细则精神，扎实开展深入贯彻中央八项规定精神学习教育，确保学有质量、查有力度、改有成效，推动学习教育不断走深走实。

系统谋划、精心部署

开展深入贯彻中央八项规定精神学习教育，是今年党建工作的重点任务。各中管高校第一时间动员部署，引导广大党员干部充分认识这次学习教育的重要意义，把思想和行动统一到党中央决策部署上来，推动学习教育见行见效。

北京大学印发《北京大学深入贯彻中央八项规定精神学习教育实施方案》，从"扎实学习研讨""深入查摆问题""切实集中整治""坚持开门教育""巩固深化成果"等5个方面明确15项工作任务；将学习教育要求写入本学期《组织生活指南》，发送全校师生党支部，指导支部开展好学习教育工作；已编发两期学习参考资料，帮助党员干部有针对性地开展学习。

浙江大学以贴近师生的形式开展学习教育活动，在学校理论发声平台"启真新论"开设学习教育专题，组织浙江大学中国特色社会主义研究中心、马克思主义学院等平台的专家学者围绕习近平总书记关于加强党的作风建设的重要论述等进行理论研究阐释；依托学校理论学习资源网、"浙大组工"微信公众号等，及时刊发中央重要部署和讲话精神。

大连理工大学针对不同党员群体特点侧重安排学习内容。例如，学生党员重在学习领会习近平总书记关于加强党的作风建设的重要论述；教师党员立足培育践行教育家精神，结合师德师风建设与专题教育实施方案开展学习；机关党员学习教育与机关作风常态长效提升专项行动统筹起来，增强党员干部责任意识、大局观念、执行能力和服务精神。

中山大学充分发挥学校马克思主义学院中共党史党建学学科优势，依托廉政与治理研究中心、纪检监察研究院，组建由马克思主义学院、法学院、政治与公共事务管理学院、财务处师生组成的宣讲团。师生宣讲团成员积极赴各院系开展学习辅导报告，累计在校内开展宣讲 15 次，持续深化学习效果，不断打牢思想政治基础。

深学细悟、走深走实

不久前，复旦大学"星火"党员志愿服务队对标学习教育相关要求，挖掘陈望道老校长的 15 则故事，打造了新版《陈望道廉洁家风》课程。

这是复旦大学扎实有力推进学习教育的生动缩影。坚持在学习教育过程中注重文化涵育，复旦大学博士生讲师团筹建"学习中央八项规定精神"主题宣讲团，重点建设《以古鉴今：从"六条规定"到中央八项规定精神学习》等精品课程 10 门，面向全校学生党支部和校外单位开放预约。

学习教育开展以来，中管高校坚持聚焦主题，在"实"字上下功夫，推动学习教育往深里走、往实里走、往心里走。

中国人民大学充分发挥学科学术优势，组织马克思主义学院、中共党史党建学院、纪检监察学院等数十名专家学者，为校内外有关单位进行专题授课近百场；学校党委学生党建和思政工作委员会开设"学工党员谈作风""学生党员谈作风"两个专栏，鼓励师生党员对标校史人物、身边榜样，结合实际谈思考谈体会谈做法，目前已刊发专栏文章 10 余篇。

南京大学深入开展红色资源开发利用路径研究，举办"中国共产党作风建设专题展览"，运用教师党员收集的现有资源，开辟专展空间，精心打造高质量精品展陈，用心讲好党的故事，生动传播红色文化，真正实现用党的光荣传统和优良作风坚定信念、凝聚力量，用党的历史经验和实践创造启迪智慧、砥砺品格，引发师生党员强烈反响。

学做结合、知行合一

作风建设是攻坚战，也是持久战。学习教育过程中，各中管高校坚持学做结合、真抓实干，一体推进学查改，将学习教育融入日常、抓在经常，切实取得成效。

按照清华大学党委学习教育《实施方案》工作部署及问题查摆和集中整治任务安排，学校已部署开展全面深入推进校机关、后勤、二级单位机关作风建设以及为基层减负、解决师生身边"小事难题"、科研经费合规使用等涉及师生切身利益的专项行动任务，研究制定工作方案并持续推进落实，务求以实的作风和举措、成效，提升师生群众获得感。

西安交通大学突出抓好新提拔干部、年轻干部学习教育，从4月起，组织开展新任职干部培训班和年轻干部培训班等主体培训班次，着重将年轻干部理想信念教育和能力素质提升贯穿培训全过程各方面，加强对中央八项规定及其实施细则精神的学习解读，组织实地参观廉政警示教育基地，通过专题报告、现场教学、案例分析等多种形式，持续深化党的创新理论武装，不断加强年轻干部作风建设。

以优良作风凝心聚力，把学习教育成果转化为推动发展的实际成效，不断提升广大师生的获得感、幸福感。

华中科技大学校院两级领导干部深入院系、科研平台、"一站式"学生社区、教室食堂宿舍、体育场馆等，通过走访调研、集体座谈、谈心谈话等方式，推动解决制约单位发展的难题和师生急难愁盼问题；各基层党支部、广大党员通过党员示范岗、党员先锋队等方式，广泛开展志愿服务，集智聚力办实事、解难事、促发展。

（新华社记者：王鹏）

精心组织、有序推进、学做结合

——北京、天津、内蒙古、河北、山东、山西等地 扎实推进深入贯彻中央八项规定精神学习教育

深入贯彻中央八项规定精神学习教育开展以来，北京、天津、内蒙古、河北、山东、山西等地精心组织、有序推进、学做结合，以中央八项规定精神为镜，在学查改中强化纪律规矩意识，坚持聚焦主题、简约务实，紧密结合中心工作，努力锻造过硬作风，讲实干、谋实绩，不断推动学习教育走深走实。

精心组织，读原著学原文

4月16日，北京市海淀区委理论学习中心组召开学习会议，围绕学习《习近平关于加强党的作风建设论述摘编》、中央八项规定及其实施细则精神，深入贯彻中央八项规定及其实施细则精神的成效和经验，开展学习研讨交流。

北京市海淀区区委书记张革说："要把中央八项规定精神作为铁规矩、硬杠杠，与各项重点工作紧密结合起来，为经济社会高质量发展提供坚强保障。"

读原著、学原文、悟原理。北京市各级党委（党组）通过理论学习中心组学习、举办读书班等方式，认真学习习近平总书记关于加强党的作风建设重要论述和中央八项规定及其实施细则精神，结合本地

区本部门本单位实际，谈认识、谈体会，深入交流研讨。同时，北京党员教育网等线上平台开设专栏，上线中央八项规定及其实施细则精神解读课程，组织党员干部开展学习。

天津市各级党委（党组）深入学习贯彻习近平总书记关于加强党的作风建设重要论述和中央党的建设工作领导小组会议精神，严格对标对表，有力有效组织实施。截至今年3月底，天津各区各部门各单位均已完成启动部署本区本部门本单位学习教育，组织广大党员干部深入学习领会习近平总书记关于加强党的作风建设的重要论述，推动广大党员干部原原本本学，准确把握原文原理，深入学习领会精髓要义。

山西省扎实推进深入贯彻中央八项规定精神学习教育，山西省委理论学习中心组在山西省委党校举行读书班，深入学习贯彻习近平总书记关于加强党的作风建设的重要论述，全面落实《关于在全党开展深入贯彻中央八项规定精神学习教育的通知》要求，示范带动全省学习教育走深走实。读书班采取专题辅导、分组学习、集中研讨等方式进行。与会同志认真学习领会习近平总书记关于加强党的作风建设的重要论述，原原本本、逐章逐条学习中央八项规定及其实施细则精神等文件，结合自身思想和工作实际深入交流研讨，为各级党组织学习教育做了示范表率。

有序推进，强化纪律规矩意识

近日，山东省东营市河口区教育局党组成员、副局长张莉丽与同事，一起来到六合街道河辉社区河丰小区开展"上门问需"工作，当面征求退休教师李增英意见建议。

在此次学习教育中，山东东营利用党员干部常态化联系服务群众机制，深入基层、上门问需，收集群众诉求和意见建议，内容涵盖教育、医疗、交通等领域，涉及居民小区充电管理、校园周边交通秩序维护、市政便民设施改造、养老服务扩容等 8 方面具体问题。

内蒙古自治区把开展学习教育同做好"减负、赋能、解困、整改、督促"等工作统筹起来，同贯穿一条主线、办好两件大事、完成"五大任务"、实施"六个工程"、开展"六个行动"结合起来，为全区高质量发展提供坚强作风保障。

天津市静海区在学查改中强化纪律规矩意识，联系实际"查"，做到边学习、边对照、边调研、边剖析，对标对表、联系实际深入查摆问题不足，建立清单、逐级审核、动态调整，做到问题找准找实、直达痛点。

学做结合，塑造优良党风政风

走进河北省廊坊市香河县政务服务中心，专门开辟的北京城市副中心一体化政务服务专区环境温馨、服务热情。亿图苑国际文化（北京）有限公司工作人员赵春明在专区工作人员指引下，操作自助设备，很快便完成了北京公司的出版物经营许可年检业务。

"现在北京的事，在河北就能办。办事指南、材料上传、证件审核……一体机上都能完成，也不用特意跑趟北京，真是太方便了。"赵春明说。

河北省廊坊市行政审批局政务服务中心副主任金鑫说，在本次学习教育期间，廊坊市主动将政务服务工作触角延伸至雄安新区，立足企业和群众的异地办事需求，实现市本级及所辖县（市、区）3380 项政务服务事项与雄安新区"跨区域通办"，涵盖企业投资、社会事务、市场服务等多个领域。

山西省晋中市榆社县信访局在学习教育中坚持走好群众路线，进一步修订完善领导干部包联接访工作机制，全县科级及以上干部轮流在信访局挂职接访下访，到一线倾听群众呼声，解决问题，化解矛盾。

内蒙古坚持开门教育，注重群众参与。其中，锡林郭勒盟健全落实党员作用发挥机制，引导党员干部在推动惠农惠牧惠企政策落实上想办法出实招，结合"党员中心户"、"红书包"送学助民、"双进双服务"等载体，组织党员干部广泛深入察民情、听民意，立足岗位作贡献，以优良党风政风引领社风民风。

（新华社记者：吴文诩、萧海川、魏婧宇）

践学于行　真抓实干

——上海、江苏、浙江、四川、重庆、云南、贵州等地扎实推进深入贯彻中央八项规定精神学习教育

在深入贯彻中央八项规定精神学习教育中，上海、江苏、浙江、四川、重庆、云南、贵州等地坚持一体推进学查改，将学习教育融入日常、抓在经常，密切党群干群关系，推动党员干部以优良作风凝心聚力、干事创业。

深研细查摸实情

不发通知、不打招呼、不用陪同，深挖基层减负中的作风堵点……近期，浙江丽水缙云县组织相关职能部门深入镇村一线，查找数据共享壁垒、督查检查整合不足、部门协同配合不力等作风问题，让党员干部有更多精力抓发展、抓落实。

开展学习教育，浙江注重从一开始就"查起来"，指导督促各级党组织和党员干部对照要求，深入开展"四查四找"，切实把问题找全找准、把症结剖深剖细。浙江省商务厅围绕化解关税政策负面影响，深入查找解决政策落地不够及时、外贸救济不够有力、涉企服务不够高效等方面作风问题，帮助外贸企业增订单、拓市场、练内功、稳就业。

浙江还贯彻落实开门教育要求，注重"两手抓、两促进"，以经济社会发展新突破、联系服务群众新气象、党员干部新作为检验学习

教育成效。

培育好营商环境的"良田沃土"、当好企业发展的"坚强后盾"、守好亲清政商的"阳光法则"……云南省丽江市近日举行"共谋产业聚势能·政企携手开新局"政企交流座谈会，邀请100多名民营企业家代表共商高质量发展新思路、新举措，组织有关部门现场对企业关心的问题逐一回应，现场解读宣传有关政策，并就助企纾困解难、提质增效提出具体举措。

"我们扎实开展调查研究，深入了解企业实际办事需求，尽心竭力为企业解决困难和问题，推动丽江民营经济高质量发展。"丽江市委副书记、市长李刚说。

一心一意谋发展

伴随高端数控机床发出的"呜呜"作业声，江苏浩铂石油装备有限公司的智能化自动化钻机生产线比预期提前半个月投入生产。"项目从立项审批到建设落地，九龙口镇挂钩干部帮了大忙，他们作风务实、做事扎实！"公司董事长胡德祥感慨道。

企业所在的江苏省盐城市建湖县，将"企业大走访"活动作为深入贯彻中央八项规定精神学习教育的实践载体，以干部访企问需"小切口"，力促干部作风"大转变"。围绕政策落实、项目建设、问题化解、企业发展、营商环境和党建工作等六项重点内容，党员干部持续扩大走访覆盖面，深入企业开展精准服务，通过"问题清单+闭环销号"机制，协调解决融资、用工、技术升级等实际问题137项。

校准思想之标，调整行为之舵，绷紧作风之弦——以开展深入贯彻中央八项规定精神学习教育为契机，各地党员干部铆足干劲、担当作为。

在上海，党员干部提振"干字当头、奋力一跳"的精气神，全力以赴抓发展、稳增长、促转型。

今年是浦东开发开放 35 周年，浦东新区结合区委正在开展的"作风建设年、学习提高年、支部建设年"，将学习教育成效转化为"经济挑大梁、改革当先锋、民生作标杆"实干实绩实效，聚焦企业群众反映的问题，持续优化政策供给、加强服务保障、完善创新生态，促进上下游协同发力，引领产业加速升级。

上海自贸试验区五大片区已设立数据跨境服务中心，学习教育中，浦东新区发改委结合企业数据跨境流动需求，牵头会同区有关单位开展企业调研，助力企业更好拓展国际业务。

为民服务解难题

电线被嵌进整齐划一的电线槽，顺着房梁进入房内，这让贵州省黔东南州黎平县肇兴镇堂安村村民陆显光踏实多了。

堂安村是侗族传统村落，也是木质连片村寨，室内电线未穿套绝缘管、使用耐热性较差的铝线、私搭乱接等问题时有发生，消防工作至关重要。

学习教育中，聚焦解决群众急难愁盼问题，黎平县以更高标准持续推进"电改"工程。"'电改'吸取了以往因用电发生火灾的经验和教训，对各个薄弱环节都进行了整改，能有效降低电路发生故障率。"肇兴镇副镇长杨胜世说。

"农忙时节，乡村党员干部跑前跑后，帮我们解决困难。"四川省达州市达川区石桥镇宝井寨村 2 组 83 岁留守老人何其义说。

在宝井寨村，青壮年外出务工人员较多，留守农民平均年龄 70 多岁，镇村先后组织 25 名党员、网格员点对点帮扶 130 户，抢抓农时抽水犁田，以解决春耕缺人的实际困难。党员干部身体力行，着眼于解决群众急难愁盼问题，是四川扎实推进学习教育的缩影。

重庆市巴南区发动群众力量，开通"码上点题"，扫描二维码，就能把自己关心关切的问题"一键发送"至巴南区纪委监委。在"群众点题、部门答题、纪委督题"闭环机制下，有关部门创新方法、加强沟通、查改到底，为高洞子水库50多户搬迁群众解决了急难问题。

"我们还开通了'码上评价'，群众对处置过程、处置结果等予以评价，对评价较差的，再次进行跟踪督导，督促相关干部尽职履责；对评价好的，向巴南区委组织部等部门反馈，纳入干部综合评价体系，推动党员干部担当作为，始终与群众保持血肉联系。"巴南区纪委书记胡文军说。

（新华社记者：郭敬丹、郑生竹、王俊禄）

深入学习查问题 狠抓整改求实效

——广东、海南、广西、新疆、西藏等地扎实推进
深入贯彻中央八项规定精神学习教育

深入贯彻中央八项规定精神学习教育开展以来，广东、海南、广西、新疆、西藏等地迅速启动，坚持聚焦主题，一体推进学查改，引导广大党员干部锲而不舍落实中央八项规定精神，确保学有质量、查有力度、改有成效。

学深悟透，筑牢思想根基

不久前，在广西桂林市临桂区市场监督管理局，一场贯彻落实中央八项规定精神的学习研讨会热烈开展。38 名年轻干部和关键岗位干部围绕违规吃喝宴请、以权谋私等违反中央八项规定精神的案例，分享心得体会。

"学习教育要突出重点内容、重点对象，让中央八项规定精神内化于心、外化于行。"临桂区市场监督管理局机关党支部书记李炜说，为巩固深化学习教育成果，他们紧扣"监督执法部队"职责，运用正反两方面典型案例开展警示教育，抓住"关键少数"带头学，带动"绝大多数"主动学。

广东省湛江市举办年轻干部素质能力提升班，围绕《坚决纠治不正之风和腐败问题 持续推动作风建设走深走实》等课程开展学习研讨，

结合案例悟原理，推动年轻干部增强"作风建设无小事、淬炼党性铸铁军"的思想自觉。

"通过廉政教育课，结合身边人、身边事典型案例剖析，我深切体会到作风锤炼、纪律约束、拒腐防变就在日常工作的一言一行、时时处处。"学员揭琅说。

学深悟透中央八项规定精神，各地都在行动，通过多种学习交流方式扎实推进。海南省三亚市崖州区和崖州湾科技城管理局聚焦自贸港封关运作任务，联合举办读书班，开展多轮研讨交流，推动学习教育走深走实；西藏自治区山南市扎囊县充分利用典型案例，让案例成为流动的"纪律课堂"，同时精心谋划"支部书记讲坛"，深入开展案例剖析、经验互鉴、难题共商。

动真碰硬，深挖问题根源

连日来，新疆昌吉回族自治州吉木萨尔县农村合作经济发展指导中心党支部书记朱边疆一直在各个村走访，查阅账目、与财务人员谈话，了解农村集体资金、资产、资源管理状况。

学习教育开展以来，吉木萨尔县各级干部深入一线，聚焦解决群众急难愁盼问题。调研中，有的领导干部发现村里在财务报销管理中存在流程模糊、审核松散等现象，不仅影响村里财务规范管理，还可能诱发腐败风险。吉木萨尔县农业农村部门深入梳理问题，完善相关制度，积极探索"前置研究""流程再造""分类处理"等措施，推动基层"三资"管理规范化建设。

"对群众反映的'三资'管理中存在的困惑和疑问，相关部门立即规范流程、优化环节并加强培训，使我们在工作中避免了很多错误。"吉木萨尔县二工镇六户地村党总支书记余雷说。

西藏山南市扎囊县桑耶镇是老城镇，当地在老旧小区改造过程中，因管网铺设影响农牧民耕地陷入困境。桑耶镇结合学习教育活动，组织党员干部、涉及单位干部及施工设计专业人员等到现场排查核实，集中整改整治。

"以前担心农田被占，影响收成，现在解决了大难题。"一位农牧民说。如今，当地的污水管网施工正热火朝天地推进，曾经因管网占地愁眉不展的老乡们，脸上都洋溢着笑容。

西藏自治区山南市扎囊县将查摆问题与集中整治统筹推进。各级领导班子及干部深入查摆形成"问题清单"，坚持以"清单销号"为抓手，实行"红黄绿"三色动态管理，高效解决各类民生问题。

破题解难，突出实践实效

年内推动3000家次企业参加境外展会、开展不少于100场产业链供应链供需对接活动、对重点企业数字化改造最高奖补200万元……围绕开拓市场、产业升级、金融支持等，广东省中山市近日出台15条稳外贸促增长的具体措施。

为积极应对当前国际贸易形势的新趋势、新挑战，中山市结合正在开展的学习教育，组织全市领导干部深入开展"千企万厂大调研"。海关、税务、发改、工信、商务等职能部门主动下沉一线，镇街组织干部队伍走进千企万厂，把企业面临的情况摸清、问题摸透、诉求摸准。

根据企业反映的问题，中山市逐一梳理形成问题清单、责任清单、任务清单，研究出台《中山市稳外贸促增长若干措施》，支持企业加快拓展国内外市场，推动经济行稳致远。

海南省坚持立行立改，标本兼治。针对企业反映的"调研多、检查频、负担重"等问题，海南省营商环境建设厅用好"海南涉企活动统筹监测系统"，以数字化手段促进问题即知即改，为封关运作营造高效服务生态。

为破解企业申报材料频繁、跨部门协调难等问题，海口综合保税区创新打造加工增值备案"一件事"集成服务，整合申报流程、精简材料，推动申报时间从原来的 4 天缩短至 1 天。

"通过制度约束、监督问责、AI 赋能等综合施策优化营商环境，杜绝违反中央八项规定精神的行为发生。"海口综合保税区工委副书记吴思说。

以上率下抓整改 严字当头转作风

——黑龙江、吉林、辽宁、青海、甘肃、宁夏、陕西等地扎实推进深入贯彻中央八项规定精神学习教育

在深入贯彻中央八项规定精神学习教育中，黑龙江、吉林、辽宁、青海、甘肃、宁夏、陕西等地坚持以上率下抓整改、严字当头转作风，将学习教育、查摆问题、整改落实一体推进，融入日常、抓在经常，以优良作风凝聚起干事创业的强大合力。

创新形式促深学

"咚！"法槌声响彻法庭。近日，吉林省白城市纪委监委组织了一场特殊的"沉浸式警示教育课"——60余名市直部门领导干部、关键岗位负责人及重点培养的年轻干部，全程旁听一起职务犯罪案件庭审，接受警示教育。

庭审现场，从公诉人宣读起诉书到法庭调查、举证质证、被告人陈述等环节，清晰还原了被告人在利益诱惑下逐步丧失理想信念、逾越纪法底线，最终堕入犯罪深渊的全过程。

"看到'身边人'变成'案中人'，让我深受教育。我要引以为戒，时刻保持清醒的头脑，廉洁履职、规范用权，守住'底线'，不越'红线'。"参加旁听的白城市水利局一位干部说。

学习是固本培元之举，深学细悟方能筑牢思想根基。各地干部通

过多元方式，扎实推进深入贯彻中央八项规定精神学习教育。

围绕风腐同查同治，宁夏贺兰县、平罗县、固原市原州区等县区抽调政治素质过硬、理论功底深厚、专业素质较强的年轻干部，成立廉政教育宣讲团，打造"移动课堂"，按照干部层级、岗位类别、问题种类等对乡镇干部"靶向"开展纪法教育。

贺兰县学习教育工作专班干部任彩阳是当地廉政警示教育宣讲团的一员。她说，贺兰县通过"专题"+"约课"形式开展学习教育，突出用身边事教育警醒身边人，不同行业部门可以根据自身职业和党员干部年龄等特点"菜单式约课"。

"我们宣讲中应用的案例80%都是本地案例，听课者或许很熟悉这些人，更有利于他们从中汲取教训。"任彩阳说。

靶向送学润初心

在黑龙江省佳木斯市一位老党员家中，社区干部正耐心开展"上门送学"行动。这是当地针对流动党员等群体自学能力不强的实际，让在职党员带头领学、退休党员结对帮学、流动党员跟踪促学……打造"六型六学"机制的生动写照。截至目前，当地已开展"上门送学"986次，结成帮学对子456个，推动学习教育有效覆盖。

深入贯彻中央八项规定精神学习教育要覆盖到多类群体。针对不同受众，各地创新开展靶向化、分众化学习教育，因材施教推动中央八项规定精神学习教育走深走实。

辽宁省沈阳市沈北新区针对国企领域特点精准施策，将中央八项规定精神学习教育融入企业治理，在国企系统开展"树企业新风、促转型升级"活动，5个区属集团的68家子公司同步开启学习教育。其中，辉山经济发展集团开展"阳光国企"建设行动，对企业管理人员廉洁档案进行动态管理，以学习教育赋能企业转型升级。

"沈北新区对1068个关键点位组织开展专项监督检查，查处'四风'问题24个。"沈阳市沈北新区委书记吴军说，"我们启动全区深入贯彻中央八项规定精神学习教育，坚持'学查改'一体、'时度效'兼顾、'废改立'同步、'风腐责'并重，高标准、高质量推进各项任务。"

为了将深入贯彻中央八项规定精神学习教育融入年轻干部队伍建设中，陕西省西安市高陵区举办了年轻干部综合能力提升专题培训班，全区35周岁以下年轻干部300余人参加。邀请陕西省委党校专家深入解读中央八项规定精神的核心要义，剖析"四风"问题新表现新动向，并针对年轻干部易发多发的廉政风险点提出防范建议。

聚焦民生办实事

"专班效率很高，给我们要回了血汗钱，真是为民办实事！"赵先生高兴地说。他曾于2024年在青海省黄南藏族自治州某工地务工，被拖欠26000元工资，通过求助全国根治欠薪线索反映平台，经黄南州河南蒙古族自治县综合行政执法大队协调，仅一周时间公司欠款便给付到位。

黄南州人力资源和社会保障局党组成员、州社会保险服务局局长祁芳英介绍，为了将中央八项规定精神学习教育成果转化为解决群众难题的实干担当，当地持续落实根治欠薪工作联席会议制度，20个部门组成成员单位，并分项目行业成立工作专班，多种举措保证清欠工作落到实处。

今年3月，在甘肃省临泽县沙河镇花园村，约400亩的高标准农田因配套设施出现管道压力不足、出水栓漏水等问题，面临缺水困境。村民张永成家每亩4000元的收入眼看就要打水漂。"我们急啊，缺水影响收成，大伙儿立刻给政府反映情况。"

面对缺水难题，当地"学用转化"，将中央八项规定精神学习教育成果转化为"马上就办"的实际行动。临泽县农业农村局机关党委副书记宋自雄和同事深入田间地头，组织施工单位加班加点全面整改，不到一周时间便解决了缺水问题，并同步架设涵管桥，解决群众出行难题，建立完善长效机制，提升工作质效。

沙河镇花园村党支部副书记张国福表示，这次问题整改既是对中央八项规定精神的生动实践，更是一次深刻的作风锤炼，群众反响良好、满意度高。

（新华社记者：戴锦镕、柳泽兴、艾福梅）

严守规定　学以致用

——湖南、湖北、河南、江西、安徽、福建等地扎实推进深入贯彻中央八项规定精神学习教育

自深入贯彻中央八项规定精神学习教育开展以来，湖南、湖北、河南、江西、安徽、福建等地党委扛起主体责任，聚焦学查改一体推进，创新学习形式，坚持问题导向，推动中央八项规定精神在基层落地生根，以优良作风凝聚党心民心，为高质量发展注入强劲动力。

高位统筹引领，压实责任链条

3月28日，在湖南省直机关工委深入贯彻中央八项规定精神学习教育专题读书班上，全体党员认真聆听专家授课，理论学习中心组、各党支部分别开展交流研讨，在深学细悟中进一步凝聚共识。

"要形成各级压实责任、人人落实规定的良好氛围，以身作则推动机关党员干部做到思想从严、守纪从严、作风从严。"湖南省直机关工委分管日常工作的副书记汤立斌说。

为强化党员干部作风建设，深入贯彻中央八项规定精神学习教育，各地高位推动，压实责任，扎实推进学习教育走深走实。湖南省委充分发挥"头雁效应"，省委主要负责同志牵头谋划部署，专题听取汇报，制定工作安排，并带头学习研讨、深入调研、接访群众、解决问题。其他常委同志落实"一岗双责"，为全省学习教育树立标杆。

安徽迅速响应中央和省委部署，将深入贯彻中央八项规定精神学习教育列为党建工作重点内容，全省上下以读书班、理论学习中心组学习会议为载体，通过领导领学、集中学习、个人自学等多种方式，创新学习研讨"重点发言＋随机点名""书面＋口头"等形式，确保学习入脑入心。

福建则注重简约务实，营造良好社会氛围，坚持把严的基调、实的要求贯穿学习教育全过程，严格落实整治形式主义为基层减负要求，推动学习教育更加贴合实际、取得实效。福建福州、宁德等地组织党员干部循迹溯源，开展沉浸式学习，切实从理论源头和实践起点，加深对中央八项规定精神的理解和把握。

创新学习形式，推动入脑入心

4月17日，湖南省长沙市浏阳市淮川街道朝阳社区名河鑫都小区清风亭内，"睦邻微宣讲"正在开展，30余名基层干部、居民党员代表围坐一起。

"去年我们社区发生了1起居民党员酒驾案件，大家要吸取教训，在日常点滴中落实中央八项规定精神，发挥示范带头作用。"浏阳市朝阳社区党总支书记、居委会主任李霞讲解道。

在湖南省常德市柳叶湖旅游度假区，区党工委依托常德河街党群服务中心为流动党员，尤其是外卖员、网约车司机等新业态新就业群体党员提供学习场所，组织收听、收看学习强国"锲而不舍落实中央八项规定精神"专题栏目。"河街的人流量大，流动党员也多，这个学习交流的场所很受大家欢迎。"常德河街联合党支部书记黄健刚说。

福建省厦门市党风廉政教育馆人流涌动，前来学习的党员干部络绎不绝。屏幕上，一张张懊悔的脸庞、一份份手写的忏悔录，数字化光影动态呈现情景模拟、反腐成效，让观展的党员干部深受触动。厦门市还打造特色学习载体，市级线上平台定期更新"鹭岛正风"微课堂等内容，发布系列微视频，并编撰特色教材，营造浓厚的学习氛围。

江西省铅山县将县纪委监委查处的违规收送礼品礼金、违规吃喝等45个案例纳入县级层面读书班、党委中心组学习，并通过专题辅导、案例分析等形式，推动干部队伍能力提升、作风转变。

坚持问题导向，提升整改实效

持续推进的中央八项规定精神学习教育，正切实将学习成果转化为服务群众、推动发展的实际成效，为各项工作稳步推进筑牢作风根基。

"医疗、医药行业情况复杂、专业性强，专项监督涉及医疗卫生机构多，必须统筹力量，综合发力。"河南省洛阳市纪委监委第六监督检查室相关负责同志介绍，高标准高质量扎实推动中央八项规定精神学习教育走深走实，围绕"集采药品进基层"这一民生实事，洛阳市偃师区组织乡镇卫生院和村医代表进行讨论研究，征集村卫生室意见，出台了偃师区基层集采药品推荐采购目录，实现集采药品当日线上下单、次日送货上门，让基层群众"足不出村"就能享受药品零差价的福利。

湖北省级层面统筹开展违规打牌和赌博、违规收送礼品礼金、不担当不作为、文山会海4个突出问题的集中整治。同时，湖北坚持在服务民生、推动发展的具体实践中整改问题、改进作风，大力推进全省2025年十大民生项目，带动各市州围绕群众急难愁盼问题推进重点民生项目1832项。

安徽省亳州市坚持问题导向，以清单化管理和专项整治为重要抓手，推动中央八项规定精神学习教育见行见效。亳州市教育局成立深化"校园餐"突出问题专项整治专班，对学校食堂经营招投标、食材采购验收、膳食经费管理、食堂"第一责任人"落实、膳食监督家长委员会建立、应急预案完善等情况进行暗访督导，切实解决师生急难愁盼问题。

（新华社记者：谢樱、朱青、陈弘毅）

中央层面深入贯彻中央八项规定精神学习教育工作专班、中央纪委办公厅公开通报李献林、叶金广等人违规吃喝严重违反中央八项规定精神问题

日前，中央层面深入贯彻中央八项规定精神学习教育工作专班、中央纪委办公厅公开通报河南省信阳市、罗山县10名干部在学习教育期间违规吃喝、严重违反中央八项规定精神问题。

经查，3月21日，河南省信阳市罗山县委、县委政法委先后召开深入贯彻中央八项规定精神学习教育部署会，罗山县委常委、政法委书记李献林参加上述2个会议。3月22日中午，李献林组织可能影响公正执行公务的宴请，信阳市委政法委常务副书记叶金广，市纪委驻市委政法委纪检监察组三级调研员林志友，市委政法委督查督办科四级调研员鲍倩、平安创建科科长张玉，罗山县检察院党组书记、检察长段巍巍，罗山县公安局政委汪海洋在信阳市区某餐馆聚餐，罗山县委政法委副书记黄家成、方建兵、夏宇参加。李献林、林志友、段巍巍、汪海洋、夏宇5人共饮用4瓶白酒，1人饮酒后于当日下午死亡。事后，罗山县委政法委向县委报送报告，隐瞒死亡人员饮酒情况，县委书记余国芳明知该报告不实，但未向上级党组织报告。为掩盖违规饮酒、1人死亡事实，李献林等5人筹集资金给予死者家属补偿，其中李献林、段巍巍部分资金系向管理服务对象借用。

这起违规吃喝问题，发生在开展深入贯彻中央八项规定精神学习教育之际，是典型的目无法纪、顶风违纪，性质极为严重，影响极为恶劣，必须从严予以处理。问题发生后，河南省委高度重视，省纪委

监委提级办理，给予相关责任人处理处分：本应给予李献林开除党籍、政务撤职处分，因发现其还涉嫌其他严重违纪违法问题，已对其立案审查调查并采取留置措施，将一并处理；给予叶金广留党察看二年、政务撤职处分，降为四级主任科员；给予林志友留党察看一年、政务撤职处分，降为四级主任科员，调离纪检监察系统；给予段巍巍撤销党内职务、政务撤职处分，降为二级主任科员，调离政法系统；给予汪海洋党内严重警告处分，调离政法系统；给予鲍倩（非中共党员）政务记大过处分；给予张玉党内严重警告处分；给予黄家成党内严重警告处分，调离政法系统；给予方建兵党内严重警告处分。余国芳履行全面从严治党主体责任不力，给予其党内严重警告处分。罗山县副县长、公安局局长李超在李献林邀请其聚餐时，不但不抵制、不提醒，反而安排汪海洋参加，给予其党内警告处分。信阳市委、市委政法委、市纪委监委和罗山县纪委监委主要负责人履行全面从严治党主体责任、监督责任不力，推进学习教育不严不实，给予信阳市委书记蔡松涛责令检查处理，市委副书记、政法委书记杨进党内警告处分，市委常委、纪委书记王军责令检查处理，罗山县委常委、纪委书记张波诚勉处理。

制定实施中央八项规定是我们党在新时代的徙木立信之举，中央八项规定是必须长期坚守的铁规矩、硬杠杠。党中央响鼓重锤、三令五申，今年又在全党部署开展学习教育。在这种形势下，李献林、叶金广等人一边参加学习教育动员部署会，一边组织或接受违规宴请，造成严重后果，受到处理完全是咎由自取。这也反映出一些干部政治意识极其淡薄，对党中央推进全面从严治党坚定决心和意志的认识极不清醒，对中央八项规定精神置若罔闻，毫无敬畏戒惧之心。对这类问题，必须坚持零容忍，露头就打、严查快处、公开通报，绝不姑息。

当前，学习教育正在扎实开展。各级党组织要切实以案为鉴、深化认识，以严的标准、严的措施一体推进学查改。要组织党员、干部深入学习领会习近平总书记关于加强党的作风建设的重要论述，清醒认识违规吃喝问题的政治危害，自觉同"小事小节论"、"影响发展论"、"行业特殊论"等错误思想作斗争，不断增强严格落实中央八项规定精神的政治自觉、思想自觉、行动自觉。要抓实问题查摆和集中整治，查找问题不遮不掩，整改问题动真碰硬，对违规吃喝问题动真格、抓现行、抓典型、抓通报。各级纪检监察机关要严字当头、铁面执纪，严查一批在学习教育期间顶风违规吃喝案例，形成有力震慑。要坚持风腐同查同治，深挖细查违规吃喝背后的腐败问题和腐败问题背后的吃喝歪风。要层层压实责任、层层传导压力，督促各级领导干部特别是"一把手"以身作则，带头抵制违规吃喝行为，坚决做到严于律己、严负其责、严管所辖，带动广大党员、干部不断培育良好党风政风。对推进学习教育不力、重点问题突出的地方和单位，及时派出督导组。对履行主体责任、监督责任不力导致问题多发的，既要坚决查处直接责任人，还要对负有领导责任的人员严肃问责，坚决遏制违规问题滋生蔓延。

附　录

中共中央 国务院印发
《党政机关厉行节约反对浪费条例》

近日，中共中央、国务院印发了修订后的《党政机关厉行节约反对浪费条例》（以下简称《条例》），并发出通知，要求各地区各部门认真遵照执行。

通知指出，《条例》修订坚持以习近平新时代中国特色社会主义思想为指导，坚持目标导向和问题导向相结合，与时俱进完善党政机关经费管理、国内差旅、因公临时出国（境）、公务接待、公务用车、会议活动、办公用房、资源节约等规定，强化厉行勤俭节约、反对铺张浪费责任落实，进一步拧紧党政机关带头过紧日子的制度螺栓，对于深入贯彻中央八项规定精神、持续深化纠治"四风"具有重要意义。

通知要求，各地区各部门要从作风建设关系党的形象、关系人心向背、关系党和国家事业成败的政治高度，认真抓好《条例》的学习宣传贯彻，推动各级党政机关及其工作人员深刻领会《条例》精神，坚决落实《条例》各项规定，扎实推进节约型机关建设，在全社会进一步营造浪费可耻、节约光荣的浓厚氛围。各地区各部门在执行《条例》中的重要情况和建议，要及时报告党中央、国务院。

《条例》全文如下。

党政机关厉行节约反对浪费条例

（2013 年 10 月 29 日中共中央政治局会议审议批准 2013 年 11 月 18 日中共中央、国务院发布，2025 年 5 月 2 日中共中央批准 2025 年 5 月 2 日中共中央、国务院发布）

第一章　总则

第一条　为了进一步弘扬艰苦奋斗、勤俭节约的优良作风，推进党政机关厉行节约反对浪费，建设节约型机关，根据《中国共产党章程》和《中华人民共和国宪法》，制定本条例。

第二条　本条例适用于党的机关、人大机关、行政机关、政协机关、监察机关、审判机关、检察机关，以及工会、共青团、妇联等人民团体和参照公务员法管理的事业单位。

第三条　本条例所称浪费，是指党政机关及其工作人员违反规定进行不必要的公务活动，或者在履行公务中超出规定范围、标准和要求，不当使用公共资金、资产和资源，给国家和社会造成损失的行为。

第四条　党政机关厉行节约反对浪费，应当深入贯彻中央八项规定精神，遵循下列原则：坚持从严从简，带头过紧日子，勤俭办一切事业，降低公务活动成本，腾出更多资金用于发展所需、民生所盼；坚持依规依法，遵守党内法规和国家法律法规的相关规定，严格按照制度办事；坚持提质增效，科学统筹财政资源，严格控制经费支出，加强厉行节约绩效考评；坚持实事求是，从实际出发安排公务活动，取消不必要的公务活动，保证正常公务活动；坚持公开透明，除涉及国家秘密事项外，公务活动中的公共资金、资产和资源使用等情况应当按照规定予以公开，接受各方面监督；坚持深化改革，通过改革创新破解体制机制障碍，建立健全厉行节约反对浪费工作长效机制。

第五条　中央办公厅、国务院办公厅负责统筹协调、指导检查全国党政机关厉行节约反对浪费工作，有关协调联络机制承办具体事务。地方各级党委和政府办公厅（室）负责指导检查本地区党政机关厉行节约反对浪费工作。

各级纪检监察机关和组织人事、宣传、外事、发展改革、财政、审计、机关事务管理等部门根据职责分工，依规依法履行对厉行节约反对浪费相关工作的管理、监督等职责。

第六条 各级党委和政府应当加强对厉行节约反对浪费工作的组织领导。党政机关领导班子主要负责人对本地区、本部门、本单位的厉行节约反对浪费工作负总责，其他成员根据工作分工，对职责范围内的厉行节约反对浪费工作负主要领导责任。

第七条 各级领导机关和领导干部必须树立正确政绩观，坚持以身作则、以上率下，严禁搞劳民伤财的"形象工程"、"政绩工程"，防止重大决策失误造成严重浪费，坚决反对形式主义、官僚主义、享乐主义和奢靡之风。

中央和国家机关各部门应当在厉行勤俭节约、反对铺张浪费上走在前、作表率。

第二章　经费管理

第八条 党政机关应当加强预算编制管理，按照加强财政资源和预算统筹的要求，将各项收入和支出全部纳入预算。

党政机关取得的行政事业性收费收入、政府性基金收入、罚没收入、国有资源（资产）有偿使用收入等非税收入，必须按照规定及时足额上缴国库，严禁以任何形式隐瞒、截留、挤占、挪用、坐支、拖欠或者私分，严禁转移到机关所属工会、培训中心、服务中心等单位账户使用。

第九条 强化预算刚性约束，党政机关应当遵循先有预算、后有支出的原则，严格执行预算，严禁超预算或者无预算安排支出，严禁虚列支出、转移或者套取财政资金，严禁向下级单位、企事业单位、社会组织、个人摊派或者转嫁费用。

严格控制国内差旅费、因公临时出国（境）费、公务接待费、公务用车购置及运行费、会议费、培训费等支出。年度预算执行中不予追加，因特殊需要确需追加的，严格按照规定程序报批。

健全预算执行全过程动态监控机制，完善预算绩效管理体系，增强预算执行的严肃性，提高预算执行的准确率，防止年底突击花钱等现象发生。

第十条 深化政府会计改革，进一步健全会计制度，准确核算机关运行经费，全面反映机关运行成本。

第十一条 财政部门应当会同有关部门，根据国内差旅、因公临时出国（境）、公务接待、会议、培训等工作特点，综合考虑经济发展水平、有关货物和服务的市场价格水平，制定分地区的公务活动经费开支范围和开支标准。

加强相关开支标准之间的衔接，完善开支标准动态调整机制，定期根据有关货物和服务的市场价格变动情况调整相关开支标准，增强开支标准的协调性、规范性、科学性。

严格开支范围和标准，严格支出报销审核，不得报销任何超范围、超标准以及与相关公务活动无关的费用。

第十二条 全面实行公务卡制度。健全公务卡强制结算目录，党政机关国内发生的公务差旅费、公务接待费、公务用车运行维护费、会议费、培训费等经费支出，除按照规定实行银行转账外，应当使用公务卡结算。

第十三条 党政机关采购货物、工程和服务，应当遵循公开透明、公平竞争、公正、诚实信用原则。

政府采购应当依法完整准确编制采购项目预算，严格执行经费预算和资产配置标准，科学合理确定采购需求，不得超标准采购，不得采购与本单位履行职能和事业发展无关的资产，不得超出办公需要采购服务。

严格执行政府采购程序，不得违反规定以任何方式和理由指定或者变相指定供应商、品牌、型号、产地。依法应当进行公开招标的，不得以化整为零或者其他任何方式规避公开招标，确需改变采购方式的，应当严格执行有关公示和审批程序。列入政府集中采购目录范围的应当委托集中采购机构代理采购，属于批量集中采购范围的应当进行批量集中采购。

党政机关应当按照政府采购合同规定组织验收。政府采购监督管理部门应当建立健全政府采购结果评价制度，对政府采购的资金节约、政策效能、透明程度以及专业化水平进行综合、客观评价。

完善政府采购管理交易系统，推进电子化政府采购。

第十四条 优化政府投资方向和结构，加强政府投资全生命周期管理，坚决防止低效无效投资。

完善"半拉子工程"、已建未用项目等科学处置程序办法。

第三章　国内差旅和因公临时出国（境）

第十五条 党政机关应当严格执行国内差旅内部审批制度，加强计划管理和统筹把关，从严控制人数和天数，严禁无实质内容、无明确公务目的的差旅活动，严禁以任何名义和方式变相旅游，严禁异地部门间无实质内容的学习交流和考察调研。加强对到基层调研、督查检查的统筹规范，防止重复扎堆增加基层负担。

第十六条 国内差旅人员应当严格按照规定乘坐交通工具、住宿、用餐，费用由所在单位承担。

差旅人员用车、住宿、用餐由接待单位协助安排的，必须按照规定标准及时足额交纳交通费、住宿费、伙食费。差旅人员不得向接待单位提出正常公务活动以外的要求，不得接受礼金、礼品和土特产品等。

第十七条　统筹安排年度因公临时出国计划，严格控制团组数量和出访国家数、团组人数、在外停留天数，不得安排照顾性、无实质内容的一般性出访，不得组织开展一般性出国考察、日常调研、交流学习等活动，严禁集中安排赴热门国家或者地区出访，严禁以任何名义和方式变相公款出国旅游。严格执行因公临时出国限量管理规定，不得把出国作为个人待遇、安排轮流出国。严格控制跨地区、跨部门团组。

组织人事、外专等部门应当加强出国培训总体规划和监督管理，严格控制出国培训规模，科学设置培训项目，择优选派培训对象，提高出国培训的质量和实效。

第十八条　外事管理部门应当加强因公临时出国审核审批管理，对违反规定、不适合成行的团组予以调整或者取消。

加强因公临时出国经费预算总额控制，严格执行经费先行审核制度。无出国经费预算安排的不予批准，确有特殊需要的，按照规定程序报批。严禁违反规定使用出国经费预算以外资金作为出国经费，严禁向所属单位、企业、我国驻外机构等摊派或者转嫁出国费用。

第十九条　出国团组应当按照规定标准安排交通工具和食宿，不得违反规定乘坐民航包机，不得乘坐私人、企业和外国航空公司包机，不得安排超标准住房和用车，不得擅自增加出访国家或者地区，不得擅自变更行程路线，不得擅自延长在国外停留天数。

出国期间，不得与我国驻外机构和其他中资机构、企业之间用公款互赠礼品或者纪念品，不得用公款相互宴请。

第二十条　严格根据工作需要编制出境计划，加强因公出境审批和管理，不得违规安排出境考察，不得组织无实质内容的调研、会议、培训等活动。

严格遵守因公出境经费预算、支出、使用、核算等财务制度，不得接受超标准接待和高消费娱乐，不得接受礼金、贵重礼品、有价证券、支付凭证等，严禁参与境外赌博。

第四章　公务接待

第二十一条　建立健全国内公务接待集中管理制度。党政机关公务接待管理部门应当加强对国内公务接待工作的管理、指导和监督。

第二十二条　党政机关应当建立国内公务接待审批控制制度，严格执行公函制度，对无公函的公务活动一律不予接待，严禁将非公务活动纳入接待范围。

第二十三条　党政机关应当严格执行国内公务接待标准，实行接待费支出总额控制制度。

接待单位应当严格按照标准安排接待对象的住宿用房，协助安排用餐、用车的按照标准收取伙食费、交通费。工作餐不得提供高档菜肴，不得提供香烟，不上酒。不得在接待费中列支应当由接待对象承担的费用，不得以举办会议、培训等名义列支、转移、隐匿接待费开支。

接待单位不得在机场、车站、码头和辖区边界组织迎送活动，不得跨地区迎送。严格控制陪同人数，不得层层多人陪同。

接待单位应当严格执行国内公务接待清单制度，如实反映接待对象、公务活动、接待费、陪同和相关工作保障人员等情况。接待清单作为财务报销的凭证之一并接受审计。

第二十四条　外宾接待工作应当遵循服务外交、友好对等、务实节俭的原则。外宾邀请单位应当严格按照有关规定安排接待活动，严格执行接待规格和标准，从严从紧控制外宾团组接待费用。

第二十五条　地方因招商引资等工作需要接待的，应当参照国内公务接待标准要求，统一制度和标准，严格审批管理，强化审计监督，严禁超规格、超标准接待，严禁扩大接待范围、增加接待项目，严禁以招商引资等名义变相安排公务接待。

第二十六条　党政机关不得以任何名义新建、改建、扩建所属宾馆、招待所等具有接待功能的设施或者场所，不得以房屋维修等名义超出实际需要在接待场所超标准建设、豪华装修。

严格控制、严格审批新建扩建党性教育培训机构，不得以建设党性教育培训机构名义变相建设楼堂馆所、变相搞旅游开发。

建立接待资源共享机制，推进机关所属接待、培训场所的集中统一管理和利用。健全服务经营机制，推行机关所属接待、培训场所企业化管理，降低服务经营成本。

积极推进国内公务接待服务社会化改革，有效利用社会资源为国内公务接待提供用车、住宿、用餐等服务。

第五章　公务用车

第二十七条　坚持社会化、市场化方向，建立和实行符合国情的公务用车制度，合理有效配置公务用车资源，创新公务交通分类提供方式，保障公务出行，降低运行成本。

普通公务出行由公务人员自主选择，实行社会化提供。按照有关规定发放公务交通补贴，不得以公务交通补贴的名义变相发放福利，不得既领取公务交通补贴又违规使用公务用车。

第二十八条　党政机关公务用车实行统一编制、统一标准、统一购置经费、统一采购配备管理。

从严配备执法执勤、机要通信、应急保障和特种专业技术用车以及其他用于定向化保障的用车，不得以特殊用途等理由变相超编制、超标准配备公务用车，不得以任何方式换用、借用、占用所属单位或者其他单位和个人的车辆，不得接受企事业单位和个人赠送的车辆。

严格按照规定配备专车，不得擅自扩大专车配备范围或者变相配备专车。

执法执勤用车配备应当严格限制在一线执法执勤岗位，机关内部管理和后勤岗位以及机关所属事业单位一律不得配备。

规范和加强党政机关所属垂直管理机构、派出机构公务用车管理，严格控制公务用车编制，推动车辆盘活利用，避免闲置浪费。

第二十九条 公务用车实行政府集中采购，应当选用国产汽车，优先选用新能源汽车。

公务用车严格按照规定年限更新，达到更新年限仍能继续使用的应当继续使用，不得因领导干部职务晋升、调动等原因提前更新。

公务用车保险、维修、加油等实行政府集中采购，降低运行成本。

第三十条 除涉及国家安全、侦查办案和其他有保密要求的特殊工作用车外，执法执勤等用车应当喷涂明显的统一标识。

第三十一条 根据公务活动需要，严格按照规定使用公务用车，严禁以任何理由挪用或者固定给个人使用执法执勤、机要通信等公务用车，领导干部亲属和身边工作人员不得因私使用配备给领导干部的公务用车。严禁公车私用、私车公养，严禁为公务用车增加高档配置或者豪华内饰。

第六章 会议活动

第三十二条 党政机关应当严格精简会议，召开会议严格实行计划管理，能不开的坚决不开，可合并的坚决合并。从严控制会议规模、会期，合理确定会议规格和参会人员范围、层级，不搞层层陪会。积极运用现代信息技术手段改进会议形式，提高会议效率。

第三十三条 会议召开场所实行政府采购定点管理。会议住宿用房以标准间为主，用餐安排自助餐或者工作餐，严禁提高会议用餐、住宿标准。会议活动现场布置应当简朴，工作会议一律不摆花草、不制作背景板。严禁违反规定到风景名胜区举办会议。

会议期间，不得安排宴请，不得组织旅游以及与会议无关的参观活动，不得以任何名义发放纪念品。

第三十四条 党政机关会议实行分类管理、分级审批。严格执行会议费开支范围、标准和报销制度，未经批准以及超范围、超标准开支的会议费，一律不予报销。严禁违规使用会议费购置办公设备，严禁列支公务接待费等与会议无关的任何费用，严禁套取会议资金。

财政部门应当会同机关事务管理等部门制定本级党政机关会议费管理办法。

第三十五条　健全培训审批制度，严格控制培训数量、时间、规模，严禁以培训名义召开会议。适合采取线上方式培训的应当通过线上方式开展。

严格执行分类培训经费开支标准，严格控制培训经费支出范围，严禁在培训经费中列支公务接待费、会议费等与培训无关的任何费用。严禁以培训名义进行公款宴请、公款旅游活动。

第三十六条　精简规范节庆展会论坛活动，实行清单管理，从严审批。严禁使用财政资金举办营业性文艺演出。从严控制举办大型综合性运动会和各类赛会。

经批准的节庆展会论坛、运动会、赛会等活动，应当严格控制规模和经费支出，不得互相攀比、大操大办、铺张浪费，不得违规摊派或者转嫁费用，不得借举办活动发放各类纪念品，不得违规使用财政资金邀请名人明星参与活动。举办活动应当充分使用现有资源，专门配备的设备在活动结束后应当及时收回，严禁购置奢华物资设备。

第三十七条　精简规范评比达标表彰和创建示范活动，实行清单管理，从严审批。评比达标表彰项目费用由举办单位承担，不得以任何方式向相关单位和个人收取费用。参与评比达标表彰和创建示范活动的单位应当节俭办事，杜绝浪费，不得举债搞创建。不得开展以乡镇（街道）、村（社区）、学校为对象的达标活动。

第七章　办公用房

第三十八条　党政机关办公用房建设应当从严控制。凡是违反规定的拟建办公用房项目，必须坚决终止；凡是未按照规定程序履行审批手续、擅自开工建设的办公用房项目，必须停建并予以没收；凡是超规模、超标准、超投资概算建设的办公用房项目，应当根据具体情况限期腾退超标准面积或者全部没收、拍卖。

党政机关办公用房应当严格管理，推进办公用房资源的公平配置和集约使用。凡是超过规定面积标准占有、使用办公用房以及未经批准租用、借用办公用房的，必须腾退；凡是未经批准改变办公用房使用功能的，原则上应当恢复原使用功能。

第三十九条 党政机关新建、改建、扩建、购置、置换、维修改造、租用、借用办公用房，必须严格按照规定履行审批程序。采取置换方式配置办公用房的，应当执行新建办公用房各项标准，不得以未使用财政资金、资产整合等名义规避审批。

第四十条 党政机关办公用房建设项目应当按照朴素、实用、安全、节能原则，严格执行办公用房建设标准、单位综合造价标准和公共建筑节能设计标准，符合土地利用和城市规划要求，严禁超标准建设和豪华装修。党政机关办公楼不得追求成为城市地标建筑，严禁配套建设大型广场、公园等设施。

第四十一条 党政机关办公用房建设以及维修改造项目投资，统一列入预算安排，未经审批的项目不得安排预算。土地收益和资产转让收益应当按照非税收入有关规定管理，不得直接用于办公用房建设。不得违规利用保基本民生、保工资、保运转和专项债券等其他用途资金建设维修改造办公用房。

第四十二条 党政机关办公用房建设应当严格执行工程招投标和政府采购有关规定，加强对工程项目的全过程监理和审计监督。

办公用房因使用时间较长、设施设备老化、功能不全、存在安全隐患等原因，不能满足办公需求的，可以进行维修改造。维修改造项目应当以消除安全隐患、恢复和完善使用功能、降低能源资源消耗为重点，严格履行审批程序，严格执行维修改造标准。

第四十三条　建立健全办公用房集中统一管理制度，对办公用房实行统一规划、统一权属、统一配置、统一处置。

党政机关应当严格按照有关标准和"三定"规定，从严核定、使用办公用房。超标部分应当腾退移交同级机关事务管理部门统一调剂使用。

新建、调整办公用房的单位，应当按照"建新交旧"、"调新交旧"的原则，在搬入新建或者新调整办公用房的同时，将原办公用房腾退移交机关事务管理部门统一调剂使用。

因机构增设、职能调整等原因确需增加办公用房的，应当在本单位现有办公用房中解决；本单位现有办公用房不能满足需要的，由机关事务管理部门整合办公用房资源调剂解决；无法调剂、确需租用解决的，应当严格履行报批手续，不得以变相补偿方式租用由企业等单位提供的办公用房。

党政机关办公用房闲置的，可以按照规定采取调剂使用、转换用途、置换、出租等方式及时处置利用。

第四十四条　党政机关领导干部应当按照标准配置使用一处办公用房，确因工作需要另行配置办公用房的，应当严格履行审批程序。领导干部不得租用宾馆、酒店房间作为办公用房。配置使用的办公用房，在退休或者调离时应当及时腾退并由原单位收回。

超标办公用房整改优先采取调换或者合用方式，采取工程改造方式整改的，工程改造方案应当简易、合理、厉行节约，多出的办公用房面积公用，不得直接隔断封死，防止造成新的浪费。

第八章　资源节约

第四十五条　党政机关应当节约集约利用资源，加强全过程节约管理，提高能源、水、粮食、办公家具、办公设备、办公用品等的利用效率和效益，统筹利用土地，杜绝浪费行为。

第四十六条　对能源、水的使用实行分类定额和目标责任管理。推广应用节能技术产品，淘汰高耗能设施设备，重点推广应用新能源和可再生能源。积极使用节水型器具，建设节水型单位。

完善节能产品政府采购政策，严格执行节能产品政府强制采购和优先采购制度。

第四十七条　党政机关应当带头开展粮食节约行动，落实反食品浪费管理责任，加强机关食堂反食品浪费工作成效评估和通报，杜绝餐饮浪费。

第四十八条　优化办公家具、办公设备等资产的配置和使用，从严控制新增资产配置，优先通过调剂方式盘活存量资产，节约购置资金。达到更新年限仍能继续使用的应当继续使用，不得报废处置。

对产生的非涉密废纸、废弃电器电子产品等废旧物品进行集中回收处理，促进循环利用；涉及国家秘密的，按照有关保密规定进行销毁。

第四十九条　政务服务应当方便企业和群众办事，相关设施坚持实用原则，不得华而不实、铺张浪费，坚决防治和纠正政务服务中的"面子工程"。

第五十条　党政机关政务信息系统建设应当统筹规划，统一组织实施，防止分散重复建设和频繁升级。建立共享共用机制，加强资源整合，推动重要政务信息系统互联互通、信息共享和业务协同，降低软件开发、系统维护和升级等方面费用，防止资源浪费。

积极利用信息化手段，推行无纸化办公，减少一次性办公用品消耗。

第九章　宣传教育

第五十一条　宣传部门应当把厉行节约反对浪费作为重要宣传内容，充分发挥各级各类媒体作用，注重用好互联网技术和新媒体手段，通过新闻报道、文化作品、公益广告等形式，广泛宣传中华民族勤俭节约的优秀品德，宣传阐释相关制度规定，宣传推广厉行节约的经验做法和先进典型，倡导绿色低碳消费理念和健康文明生活方式，在全社会营造浪费可耻、节约光荣的浓厚氛围。

第五十二条　党政机关应当把加强厉行节约反对浪费教育作为作风建设的重要内容，融入干部队伍建设和机关日常管理之中，建立健全常态化工作机制。对各种铺张浪费现象和行为，应当严肃批评、督促改正。

纪检监察机关应当不定期曝光铺张浪费的典型案例，发挥警示教育作用。

组织人事部门和党校（行政学院）、干部学院应当把厉行节约反对浪费作为干部教育培训的重要内容，创新教育方法，切实增强教育培训的针对性和实效性。

第五十三条　党政机关应当围绕建设节约型机关，组织开展形式多样、便于参与的活动，引导干部职工增强节约意识、珍惜物力财力，积极培育和形成崇尚节约、厉行节约、反对浪费的机关文化，为在全社会形成节俭之风发挥示范表率作用。

第十章　监督追责

第五十四条　各级党委和政府应当建立健全厉行节约反对浪费监督检查机制，加大监督力度。

党委（党组）在巡视巡察工作中应当加强对厉行节约反对浪费落实情况的监督。

党委和政府办公厅（室）负责统筹协调有关部门开展对厉行节约反对浪费工作的督促检查，针对突出问题开展重点检查、暗访等专项活动，加大对典型问题的通报力度。

纪检监察机关应当加强对厉行节约反对浪费工作的监督，受理群众举报和有关部门移送的问题线索，及时查处违纪违法问题。

财政部门应当加强对党政机关预算管理有关工作以及财务、政府采购和会计等事项的财会监督，依法处理发现的违规问题，并及时向本级党委和政府汇报有关结果。

审计机关应当加强对党政机关预算执行、决算和其他财政收支情况，以及有关经济活动的审计监督，加大对党政机关公务支出和公款消费的审计力度，及时向本级党委和政府报告审计结果，依法处理、督促整改违规问题，并将涉嫌违纪违法问题移送有关部门查处。

支持人大、政协依法依章程加强对党政机关厉行节约反对浪费工作情况的监督。重视各级各类媒体在厉行节约反对浪费方面的舆论监督作用。发挥群众对党政机关及其工作人员铺张浪费行为的监督作用。

第五十五条　党委（党组）在每年度向上级党组织报送的落实全面从严治党主体责任情况报告中，应当报告本地区、本部门、本单位厉行节约反对浪费工作情况。

领导干部厉行节约反对浪费工作情况，应当列为领导班子民主生活会和领导干部述责述廉的重要内容并接受评议。

第五十六条　党政机关应当建立健全厉行节约反对浪费信息公开制度，按照及时、方便、多样的原则，依规依法将应当公开的有关情况以适当方式公开。

第五十七条　有下列情形之一的，应当依规依纪依法追究负有领导责任的主要负责人或者有关领导干部的责任：

（一）政绩观错位，搞"形象工程"、"政绩工程"造成公共资金、资产和资源损失浪费；

（二）本地区、本部门、本单位铺张浪费、奢侈奢华问题严重，对发现的问题查处不力，干部群众反映强烈；

（三）指使、纵容管辖单位或者人员违反本条例规定造成浪费；

（四）不履行或者不正确履行内部审批、管理、监督职责造成浪费；

（五）不按照规定及时公开本地区、本部门、本单位有关厉行节约反对浪费工作信息；

（六）其他对本地区、本部门、本单位铺张浪费问题负有领导责任的情形。

第五十八条　有下列情形之一的，应当依规依纪依法追究有关人员的责任：

（一）未经审批列支财政性资金；

（二）采取弄虚作假等手段违规取得审批；

（三）违反审批要求擅自变通执行；

（四）违反管理规定超标准或者以虚假事项开支；

（五）利用职务便利假公济私；

（六）其他违反审批、管理、监督规定的情形。

第五十九条　党政机关工作人员违反本条例规定造成浪费的，根据情节轻重，依规依纪依法给予批评教育、责令检查、诫勉、组织处理或者党纪政务处分。

第六十条　违反本条例规定获得的经济利益，应当依规依纪依法予以没收、追缴或者责令退赔。

第十一章　附则

第六十一条　省、自治区、直辖市，中央和国家机关各部门，可以根据本条例，结合实际制定实施办法。有关职能部门应当根据各自职责，制定完善相关配套制度。

国有企业、国有金融企业、不参照公务员法管理的事业单位，参照本条例执行。

中国人民解放军和中国人民武装警察部队按照军队有关规定执行。

第六十二条　本条例由中央办公厅、国务院办公厅会同有关部门解释。

第六十三条 本条例自发布之日起施行。中央党内法规和法律另有规定的，从其规定。

（新华社北京 5 月 18 日电）